세상을 바라보는 힘 미디어 이야기

펴낸날 2010년 7월 20일 초판 1쇄, 2025년 10월 1일 초판 20쇄
지은이 우미아 | **그린이** 이고은
펴낸이 신광수 | **출판사업본부장** 강윤구 | **출판개발실장** 위귀영
아동인문파트 김희선, 박인의, 설예지, 이현지
출판디자인팀 최진아, 김가민
출판기획팀 정승재, 김마이, 박재영, 이아람, 전지현
출판사업팀 이용복, 민현기, 우광일, 김선영, 이강원, 허성배, 정유, 정슬기, 정재욱, 박세화, 김종민, 정영묵
출판지원파트 이형배, 이주연, 이우성, 전효정, 장현우

펴낸곳 (주)미래엔 | **등록** 1950년 11월 1일 제16-67호 | **주소** 서울시 서초구 신반포로 321
전화 (미래엔 고객센터) 1800-8890, (팩스) 541-8249 | **홈페이지 주소** www.mirae-n.com

ⓒ 우미아, 2010
ISBN 978-89-378-4568-0 73300
ISBN 978-89-378-8537-2 (세트)

* 본문 중 저작권자를 찾지 못한 사진은 확인되는 대로 허락받겠습니다.
* 이 책은 저작권법에 따라 한국 내에서 보호받는 저작물이므로 무단 전재와 무단 복제를 금합니다.
  이 책의 전부 또는 일부를 이용하려면 반드시 저작권자와 (주)미래엔의 동의를 받아야 합니다.
* 파본은 구입처에서 교환해 드리며, 관련 법령에 따라 환불해 드립니다. 다만, 제품 훼손 시 환불이 불가능합니다.

KC 마크는 이 제품이 공통안전기준에 적합하였음을 의미합니다.
사용 연령: 8세 이상

세상을 바라보는 힘
미디어 이야기

글 우미아 | 그림 이고은

Mirae N 아이세움

미디어를 알면
세상을 보는 힘이
생긴다고요?

미디어라는 게 뭘까요? 영어라서 뜻을 잘 모르겠다고 생각할지 모르겠어요. 하지만 미디어는 아주 간단한 개념이에요. 우리 일상생활에서 쉽게 볼 수 있는 것들이거든요. 우선 여러분의 하루 일과를 한번 되짚어 보세요. 이른 아침 부모님은 조간신문을 펼치고, 여러분은 날씨가 궁금해 텔레비전이나 라디오의 일기 예보를 듣습니다. 학교에 가면 책을 보면서 공부를 합니다. 집에 돌아오면 컴퓨터로 게임을 하거나 과제에 필요한 자료를 찾기도 하죠. 휴대 전화가 있는 친구들은 메시지를 서로 주고받거나 좋아하는 음악을 듣기도 하지요? 텔레비전을 켜서 재미있는 방송 프로그램들을 보기도 하겠네요.

이렇게 우리의 생활과 떨어뜨려서 생각할 수 없는 신문, 텔레비전, 라디오, 책, 컴퓨터, 휴대 전화처럼 중간에서 전달하고자 하는 내용을 연결시키는 물건이나 방법을 우리는 미디어라고 부릅니다. 이런 물건 외에도 사람의 말과 몸짓, 표정도 미디어라고 할 수 있어요.

자, 이제 슬슬 감이 잡히나요? 쉽게 말해서 미디어는 다른 사람들과 생각을 나누고 관계를 맺게 해 주는 중요한 수단과 방법 들입니다. 미디어로 우리들의 생각이나 마음, 느낌, 정보를 주고받는 의사소통을 하기 때문에, 의사소통을 잘하기 위해서는 미디어를 잘 알아야 하지요.

사람들은 미디어를 통해 다른 사람들과 의사소통을 하면서 사회를 변화시키고 발전시켜 왔습니다. 먼 옛날 원시 시대의 사람들은 말과 몸짓으로 힘을 합해 맹수와 굶주림을 이겨 냈고, 문자의 발명으로 지식을 쌓기 시작했어요. 인쇄술이 발달하면서 많은 사람들이 책이나 신문으로 의사소통을 할 수 있게 되었고, 그러면서 사회는 급격히 발전했지요. 그동안 왕이나 귀족처럼 사회의 지배층 사람들만 독점하던 고급 정보를 많은 사람들이 인쇄물로 접하게 되면서, 사람들의 지식은 점점 넓어지고 각종 기술이 발달하게 되었어요. 왕이나 귀족의 지배를 받던 사람들이 힘을 갖게 되면서, 신분 제도가 없어지고 민주주의 사회가 되었지요.

　어때요, 미디어가 정치의 발달에도 큰 역할을 했다는 사실을 알 수 있죠?

　그런데 기술이 발달하면서 미디어는 좀 더 다른 형태로 변화해요. 라디오와 텔레비전이 발명되면서 미디어는 의사소통뿐 아니라 드라마 같은 오락을 즐기기 위해서도 사용되기 시작했어요. 오늘날에는 인터넷과 위성 방송 등 첨단 기술로 무장한 미디어 기기들이 우리 주변을 에워싸고 있습니다.

　앞으로는 한 가지로 여러 기능을 할 수 있는 멀티미디어가 일반화되어서 생활이 더 편리해질 거래요. 멀티미디어로 혼자서 모든 것을 할 수 있기 때문에, 사람들이 어울려 살기보다는 혼자만의 시간을 즐기면서 사는 방식으로 세상이 변할지도 모른다는 의견도 있어요.

　이처럼 미디어는 사람들의 삶과 사회에 큰 영향을 끼쳐 왔고, 앞으로도 수많은 변화를 가져올 것이 분명해요. 그렇다면 미디어가 무엇이고, 우리 사회에 어떤 영향을 주고, 앞으로 어떤 모습으로 변하게 될지 잘 알아 두어야 앞으로 어떤 변화가 일어나더라도 잘 대처할 수 있지 않을까요? 미디어를 올바로 이해한다는 것은 우리가 살아가는 세상을 잘 안다는 것과 같은 이야기예요. 미디어를 올바로 이해하는 사람들만이 미디어가 전달하는 수

많은 정보를 바르게 판단할 수 있답니다.

  미디어를 잘 알게 되면, 사회를 보는 눈이 생겨요. 그리고 사회 속에서 내가 해야 할 역할이 무엇인지, 내가 해야 할 일이 무엇인지도 알 수 있지요. 더불어 일상생활에 큰 영향을 주는 미디어의 힘에 끌려가지 않고 스스로 미디어를 현명하게 이용할 수 있는 지혜가 생긴답니다.

  그 지혜가 무엇인지 궁금하다면, 우리 같이 알아보도록 해요. 아마 미디어의 색다른 역사와 이면의 모습에 깜짝 놀랄 거예요.

지은이 우미아

004		미디어를 알면 세상을 보는 힘이 생긴다고요?	
011	1. 미디어의 개념	화성의 외계인들이 쳐들어왔다!	
017	2. 신문의 역사	최초의 신문, 〈악타 디우르나〉 발간!	
023	3. 한국 신문의 역사	4월 7일, 〈독립신문〉이 탄생하다!	
029	4. 표현의 자유	소크라테스, 자유롭기 위해 독배를 들다	
035	5. 인쇄 미디어의 힘	종교 개혁을 이룬 종이 한 장의 힘	
041	6. 언론 사상의 자유	검열을 거부한다, 내게 말할 자유를 다오!	
047	7. 언론의 자유	막힌 입 때문에 독립한 나라	
053	8. 매스 미디어의 등장	호외요, 호외! 신문이 단돈 1페니!	
059	9. 대중 신문의 발전	전쟁을 부추긴 노란 신문들	
065	10. 방송 미디어의 등장	SOS! '거인'이 가라앉고 있다!	
071	11. 일제 강점기의 언론	그들의 가슴에는 일장기가 아니라 태극기가 있어야 했다!	
077	12. 대한민국 정부 수립 후의 언론	하얀 신문이 나왔어요!	
083	13. 언론과 민주주의	말 잘 듣는 곳만 남기고 모두 헤쳐 모여!	
089	14. 미디어와 정치 선전	거짓말을 백 번 하면 결국 믿게 된다	
095	15. 미디어와 정치	왕을 만드는 텔레비전의 힘	

16. 미디어와 전쟁 ｜ 전쟁을 끝내게 한 텔레비전의 힘	101
17. 언론의 책임과 양심 ｜ 숨겨진 진실은 언젠가는 드러난다	107
18. 언론과 여론 ｜ 대통령을 하야시킨 '워터게이트 사건'	113
19. 전쟁과 저널리즘 ｜ 삐용삐용, 전쟁이 게임처럼 보여!	119
20. 언론 조작 ｜ 민주화 운동을 폭동이라고 하다니!	125
21. 텔레비전의 힘 ｜ 로드니 킹이 백인이었다면 경찰들이 저렇게 때렸을까?	131
22. 미디어 산업 ｜ 돈으로 산 언론이 진짜 언론이 될 수 있을까?	137
23. 인터넷 저널리즘 ｜ 전 세계에 진실을 알린 블로그의 힘	143
24. 전자 민주주의 ｜ 인터넷으로 정치에 참여해 보아요!	149
25. 매스 미디어와 윤리 ｜ 국가의 이익이냐, 진실이냐? 그것이 문제로다	155
26. 미디어와 편견 ｜ 백인은 착하고 유색 인종은 악당이다?	161
27. 미디어와 어린이 ｜ 어린이 눈높이에 맞춘 〈어린이 뉴스〉	167
28. 시민 언론 운동 ｜ 〈뽀뽀뽀〉를 방송 안 하면 나도 텔레비전 안 봐!	173
29. 언론의 자유와 저항 ｜ 옳다고 말하기 위해서라면 감금도 두렵지 않아요	179
30. 뉴 미디어 ｜ 펄펄 나는 뉴 미디어, 따라 달리는 사회	185

1. 미디어의 개념
화성의 외계인들이 쳐들어왔다!

　1938년 10월 30일, 라디오에서 들려오는 다급한 소식이 평화로운 저녁을 즐기던 미국 뉴저지 주를 발칵 뒤집었어요.
　"화성에서 온 외계 생명체들이 미국을 침공했습니다. 문어처럼 생긴 외계 생명체는 독가스를 살포하고, 긴 촉수로 사람들을 휘어잡아 죽이고 있습니다. 군인과 경찰 들이 출동했지만 외계 생명체들이 쏘는 광선포가 무기를 몽땅 녹여 버리고 있습니다!"
　아나운서의 다급한 목소리에 뉴저지 주 사람들은 당황하고 공포를 느꼈어요.
　"오, 하나님! 지구가 멸망하면 어떡하지?"
　"이대로 죽을 순 없어! 안전한 곳으로 피해야 해!"
　공포에 빠진 시민들은 울부짖으며 거리로 뛰쳐나왔고, 대피하

려는 시민의 차량들 때문에 도로는 마비되었어요. 뉴저지 주는 일대 혼란에 빠지고 말았습니다.

그런데 이게 웬일이지요?

"엇, 시청 건물이 격파되었다더니, 그대로 있네?"

"외계 생명체가 시내까지 들어왔다던데 어디에 있는 거야?"

사람들은 뉴스와 달리 평화로운 바깥의 모습에 깜짝 놀랐어요. 알고 보니 세상에, 라디오에서 흘러나온 소식이 진짜 뉴스가 아니었고, 라디오 드라마의 한 부분이었다는 거예요!

허버트 조지 웰스가 쓴 공상 과학 소설 《우주 전쟁》을 영화감독 오손 웰스가 각색해서 만든 라디오 드라마가 이렇게 엄청난 결과를 가져오리라고는 아무도 예상하지 못했습니다.

이 라디오 드라마를 만든 제작진이 사람들을 속이려고 한 것은 물론 아니었어요. 드라마가 방송되는 중간 중간에 이 방송은 실제 상황이 아니라는 설명을 내보냈고, 광고까지 했다고 합니다.

그런데 라디오 드라마의 내용이 어찌나 실감이 났던지, 사람들이 모두 진짜로 여겼던 거예요.

이 라디오 드라마는 남아메리카의 칠레와 에콰도르에서도 방송되었는데, 뉴저지 주와 같은 상황이 벌어졌습니다. 특히 에콰도르에서는 실제 상황이 아니라 라디오 드라마였다는 사실이 알려지자, 사람들이 매우 화가 나서 방송국을 공격하기까지 했대요.

미국 정부는 또 다시 혼란이 일어날 것을 걱정해서 라디오 드라마 대본을 모조리 몰수했어요. 라디오 드라마가 끼친 영향력은 그 정도로 엄청났답니다.

'미디어'가 뭐예요?

영어인 미디어(media)는 '중간, 수단, 매개물'을 뜻하는 미디움(medium)의 복수형 단어예요. 우리말로는 '매체'라고 합니다. 즉, '중간에서 전달하고 싶은 내용을 연결시키는 물건이나 방법'을 미디어라고 해요.

예를 들어 친구에게 전화를 걸면, 전화기가 바로 미디어입니다. 책은 작가와 독자를 잇는 미디어이고, 식당의 전단지는 식당의 먹을거리와 위치를 알려 주는 미디어이죠.

즉, 미디어는 '우리가 다른 사람들과 생각을 나누고 관계를 맺게 해 주는 수단이나 방법'을 말합니다. 우리가 사용하거나 접하는 모든 사물뿐만 아니라, 사람의 생각과 감정을 표현하는 말과 몸짓, 표정도 미디어라고 할 수 있어요.

고대 폼페이 벽화 속 미디어
그리스 신화의 시인 사포로 추측되는 그림 속의 여인이 글을 적기 위해 골몰하고 있어요. 그녀가 손에 쥔 펜과 문서도 미디어의 한 종류로 볼 수 있지요.

'매스 미디어'가 뭐예요?

　매스(mass)는 '대중'을 뜻하는 영어 단어이므로, 매스 미디어는 '대중 매체'라고 번역합니다. 대중은 수많은 사람들을 특성에 따라 나누지 않고 하나의 무리로 취급하는 말이지요. 따라서 매스 미디어란 '대중이 함께 이용하고 정보를 얻는 미디어, 곧 대중 매체'를 말해요. 대표적인 예로 신문이나 텔레비전, 라디오를 들 수 있어요.

　매스 미디어는 여러 사람에게 동시에 내용을 전달하기 위해서 특별한 기술이 필요하다는 특징이 있어요. 신문은 인쇄 기술, 전화는 전신 기술, 라디오와 텔레비전은 전파 송신 기술, 인터넷은 컴퓨터 기술이 뒷받침되지 않으면 제 역할을 할 수 없어요. 이런 기술은 무척 많은 돈이 필요하기 때문에 매스 미디어는 큰 회사나 정부 기관 같은 곳에서 주로 만들고, 대중들은 돈을 내고 이용합니다.

라디오 드라마 한 편으로 도시를 공포에 몰아넣은 오손 웰스
한 편의 라디오 드라마가 수많은 대중을 한순간에 공포와 충격에 빠뜨리고 사회를 혼란시킨 것도 라디오라는 매스 미디어가 있었기에 가능했죠. 그만큼 매스 미디어의 힘은 크답니다.

미디어 소식　　　　　　　　　　　　　　　　　　　　　제1호

매스 커뮤니케이션이란?

매스 커뮤니케이션은 매스 미디어와 비슷한 뜻의 말입니다.
커뮤니케이션이란 사람들끼리 '말이나 글, 표정, 몸짓으로 생각이나 느낌 따위의 정보를 주고받는 일'을 말해요. 매스 커뮤니케이션은 '매스 미디어를 통해서 어떤 정보와 의미를 전달하고 함께 나누는 것'을 뜻합니다.
예를 들어 올림픽에 나간 우리나라 선수가 금메달을 딴 소식을 텔레비전에서 들었다고 해 보세요. 여기서 매스 미디어는 무엇일까요? 텔레비전입니다. 그렇다면 텔레비전을 통해 우리나라 선수의 금메달 수상 소식을 알고 대중들이 함께 기뻐하는 상황은 무엇일까요? 그것이 바로 매스 커뮤니케이션입니다.
사람들이 흔히 쓰는 매스컴이란 말은 매스 커뮤니케이션이란 단어의 약자랍니다.

2. 신문의 역사

최초의 신문, 〈악타 디우르나〉 발간!

기원전 59년, 고대 로마의 집정관(정권을 가진 최고의 관리)이 된 카이사르는 광장이나 공중목욕탕 같은 몇몇 공공장소에 최신 뉴스를 새긴 석고판을 게시하게 했습니다. 이것이 역사상 처음으로 뉴스를 글로 전달한 〈악타 디우르나〉입니다.

〈악타 디우르나〉를 본 사람들은 감탄했어요.

"글로 보니까 새로운 소식을 더 정확하게 알 수 있네."

"새로운 소식이 궁금한 사람들은 정해진 날짜에 게시된 걸 보면 되니까 편리해."

그 전에는 소식들이 입에서 입으로만 전해졌는데, 〈악타 디우르나〉가 나오면서 한꺼번에 많은 사람들이 새로운 소식을 알 수 있게 되었어요.

〈악타 디우르나〉의 한 면은 '악타 세나투스', 다른 면은 '악타 푸블리카'라고 하는데, 각기 글의 성격이 달랐어요.

'악타 세나투스'는 공적인 소식을 전하는 면으로, 원로원(지금의 국회처럼 법을 만들고, 나라의 일을 의논하는 로마의 기관)의 회의 내용과 정부의 관리 임명에 대한 소식, 재판과 처벌에 대한 결과 등이 실렸어요.

'악타 푸블리카'는 많은 사람들이 흥미를 느끼는 대중적인 소식을 전해 줬는데, 유명한 사람들의 결혼과 출산 소식, 자연재해 같은 갑작스런 사건, 그 당시 유행했던 검투 경기와 전차 경주의 결과를 알리는 오락 기사들이 실렸지요.

"황제의 생일을 축하하는 검투 경기에서 맹수 5,000마리가 살육되고, 검투사 300명이 목숨을 잃었다는군."

로마 시대에는 노예 검투사의 싸움이나 전차 경주가 자주 벌어졌어요. 죄를 짓거나 전쟁 포로가 되어 끌려온 노예들은 검투사들끼리, 혹은 호랑이 같은 맹수들과 목숨을 걸고 싸워야 했지요. 또, 말이 끄는 전차를 타고 승부를 가리는 전차 경주도 다치는 사람들이 많이 나오는 잔인한 경기였지만, 무척 인기가 많았어요.

그런데 카이사르가 이렇게 소식지를 만든 이유는 무엇일까요? 그것은 중앙 정부가 하는 일을 대중에게 빨리 알려서 자신들의 뜻에 잘 따르게 하기 위해서였습니다. 그리고 법이나 명령을 어기면 죄인이 되어 검투 경기에서 처참하게 죽을 수 있다는 것도 은근히 알릴 수 있었고요.

이렇듯 카이사르와 중앙 정부 귀족들은 〈악타 디우르나〉를 통해, 로마 정부의 힘을 더욱 강하게 만들고자 했습니다.

세계 최초의 일간지는 무엇일까요?

〈악타 디우르나〉는 뉴스와 정보를 전달하기 위해, 기록을 남기고 게시하는 구체적인 방법을 처음으로 사용했다는 점에서 최초의 신문으로 인정받고 있답니다.

신문은 그 이후로도 여러 형태로 발전해 갔어요. 중세 시대에는 도시를 중심으로 '서한신문'과 '필사 신문'이 나타났어요. 서한신문은 편지로 뉴스를 알리는 신문이고, 필사 신문은 뉴스를 필요로 하는 사람들이 많아지자 서한신문의 내용을 손으로 베껴써서 판매한 신문이에요.

그리고 활판 인쇄술이 발명되면서 '인쇄 신문'이 나왔어요. 처음에는 비정기적으로 나오다가, 일주일에 한 번 나오는 주간지, 일주일에 2, 3회씩 나오는 신문, 매일 나오는 일간지로 발전하게 됩니다. 그리고 드디어 세계 최초의 일간지가 등장했으니, 바로 1660년 독일에서 나온 〈라이프치거 차이퉁겐〉입니다.

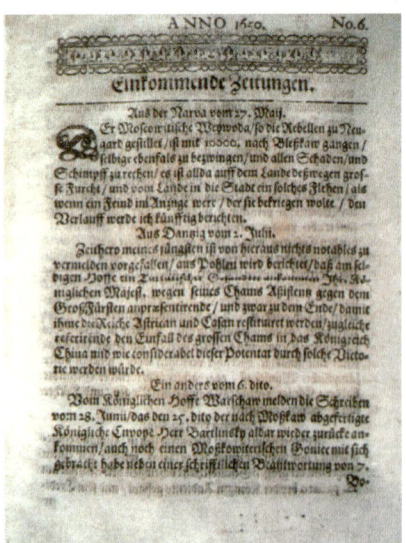

최초의 일간지 〈라이프치거 차이퉁겐〉
일간지의 등장은 매스 미디어를 통해 사람들의 생각을 나누는 것이 가능해졌다는 점에서 중요한 의미를 갖는답니다.

우리나라 최초의 신문이 〈조보〉라고요?

〈악타 디우르나〉가 세계 신문의 기원이라면, 우리나라 신문의 기원은 조선 시대의 〈조보〉일 거예요. 〈조보〉는 '조정의 소식'이라는 뜻을 가진 신문으로, 개인이 만든 것이 아니라 나라에서 만든 신문입니다. 〈조보〉는 '저보, 기별, 기별지'라고도 불렸는데, 사람의 손으로 베껴 쓰는 필사 신문이었으며, 승정원(왕이 내린 명령을 발표하고, 왕에게 올리는 보고서나 상소문을 받아 왕에게 전달하는 관청)에서 만들었어요.

매일 아침 승정원에서는 기사를 결정한 다음, 정리된 기사를 조보소라고 하는 곳에서 발표했어요. 조보소에는 각 관청에서 나온 기별서리들이 기다리고 있다가, 〈조보〉를 종이에 베껴 썼어요. 그리고 자기가 속한 관청에 가져가서 필요한 숫자만큼 더 베껴서 나눠 주었습니다. 또한 〈조보〉는 관리를 비롯한 소수의 지배층들만 볼 수 있는 신문이었어요.

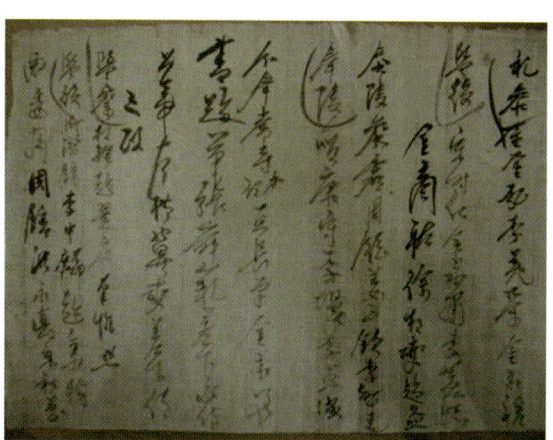

〈조보〉
날씨 소식과 조정의 중요 행사, 왕의 명령과 지시 사항, 관리의 임명과 해임, 왕에게 올린 건의문 같은 소식들이 실렸어요. 조선 시대 내내 발행되던 〈조보〉는 1894년 갑오개혁 때 중단되면서 모습을 감추었습니다.

미디어 소식　　　　　　　　　　　　　　　　　　　　　　　제2호

마라톤 전쟁이 낳은 제일 오래된 뉴스

기원전 500년경, 페르시아는 지중해부터 인도의 북부에 이르는 대제국이었고, 그리스까지 넘봤지요. 당시 그리스는 여러 작은 도시국가들로 이루어져 있었는데, 그중 아테네가 마라톤이라는 평야에서 페르시아군과 맞서 싸우게 됩니다. 아테네군은 수적으로 열세였지만, 뛰어난 전술로 페르시아를 공격하여 크게 승리를 거두었어요. 페르시아군은 배로 달아났다가 다시 아테네로 쳐들어가려고 했어요.

그런데 이미 아테네의 사람들은 이를 알고 대비하고 있었어요. 그리스의 용사 페이디피데스가 그 뉴스를 알리기 위해 마라톤 평원에서 아테네까지 40킬로미터가 넘는 거리를 쉬지 않고 뛰어갔던 것이죠. 페르시아군은 할 수 없이 물러나야 했고 이로써 그리스는 페르시아를 완전히 물리칠 수 있었답니다.

그리스는 페이디피데스를 기념하기 위해 현재의 마라톤 경기를 만들었지요.

한편, 페이디피데스는 역사적으로 가장 오래된 신문의 주인공이기도 합니다. 페이디피데스가 마라톤 평원을 달린 것은 오늘날의 신문처럼 뉴스 전달을 목적으로 했기 때문에, 이 또한 신문 미디어의 한 현상으로 보는 것이지요.

3. 한국 신문의 역사
4월 7일, 〈독립신문〉이 탄생하다!

　1895년, 당시 조선은 크게 휘청거리고 있었습니다. 청나라와 일본이 조선을 휘어잡겠다며 엉뚱하게 조선의 땅에서 전쟁을 벌였고, 고종 임금과 세자는 위험을 피해 조선 왕궁을 버리고 러시아 공사관으로 피난을 가는 등 나라꼴이 엉망이었어요. 대체 이게 무슨 일일까요?

　당시 조선은 오랫동안 당파 싸움과 세도 정치 때문에 국력이 약해져 있었어요. 게다가 아시아의 강대국인 청나라와, 서양의 과학 기술을 받아들여 군사력을 기른 일본, 심지어 러시아며 미국까지 조선을 호시탐탐 노리고 있었지요.

　그러자 이래서는 안 된다며 나라의 힘을 기를 방법을 궁리하는 사람들이 나타났어요. 그들은 일본인들이 갑자기 강력한 군사력을 갖게 된 이유를, 서양의 기술을 받아들였기 때문이라고 생각했어요. 그래서 그들도 앞선 서양 문물을 빨리 받아들여 나라의 발전을 이루고자 했지요. 이들을 '개화파'라고 해요.

개화파 사람들은 나라가 강해지려면 우선 교육이 필요하다고 생각했어요. 신문을 만들어서 많은 사람들에게 자주 독립 의식과 민주주의 사상을 전하고, 나라가 독립을 유지해야 하는 이유, 만인이 평등하다는 사상, 실정을 하는 정부와 부패한 관리의 잘못을 폭로하여 고치게 해야 한다고 생각했지요.

그들은 우선 강대국으로부터 독립을 선언한다는 의미로 독립협회라는 단체를 조직하고 독립문이라는 기념물을 세웠어요. 그리고 1896년 4월 7일, 우리나라 최초의 민간 신문을 창간했으니 그것이 바로 〈독립신문〉입니다. 민간 신문은 관청이나 정부 기관에 속하지 않은 일반인들이 만든 신문을 말합니다.

〈독립신문〉은 한글만 사용한 한글판과 영어로 된 영문판으로 만들어졌는데, 처음에는 주 3회 발행으로 시작해서 매일 발행하는 것으로 발전했고 집으로 배달도 되었습니다. 사람들은 〈독립신문〉을 보고 비로소 세상이 어떻게 돌아가는지 잘 알 수 있게 되었어요.

"한글로 쓰여 있으니 읽기 쉽고, 부정부패를 고발하는 기사가 많으니 앞으로 정부 관리들의 비리가 줄어들겠어!"

"나라를 잘 지키기 위해서는 국민들을 교육시키는 것이 중요하다는데, 나도 그 말에 찬성일세!"

"다른 나라들이 어떻게 돌아가는지 알 수 있어서 좋군. 우리는 그동안 우물 안 개구리였어!"

이렇게 〈독립신문〉은 자주 독립과 근대화를 위해 국민들을 계몽시키는 역할을 했어요. 그리고 〈The Independent〉란 제목으로 펴낸 영문판은 외국인에게 우리나라의 사정과 여론을 알리는 역할을 했습니다.

'독립 협회'는 어떤 단체인가요?

〈독립신문〉의 가장 큰 업적은 한글을 사용하고, 기사에 띄어쓰기를 해서 누구나 쉽게 읽을 수 있게 했다는 점입니다. 〈독립신문〉이 창간된 4월 7일이 '신문의 날'로 정해진 것은 이런 〈독립신문〉의 업적을 기리고자 하는 의미가 담겨 있어요.

1896년에 개화파 지식인들을 중심으로 세워진 독립 협회는 우리나라의 자주 독립과 정치의 개혁을 위해 만들어진 사회 정치 단체입니다. 토론회와 연설회를 개최하여 국민을 계몽하고자 했고, 독립 정신의 상징으로 삼기 위해 독립문을 세웠어요. 또, 정부 정책에 대한 비판도 아끼지 않았습니다.

독립 협회의 활동이 점점 활발해지고 국민들의 지지를 받자, 불안해진 정부의 높은 관리들은 독립 협회에 압력을 가했고, 결국 독립 협회는 1899년에 해산하게 됩니다.

독립문
1896년 독립 협회는 조선의 독립을 선언하면서 그 상징물로 독립문을 세웠어요. 프랑스의 개선문을 본떠 만든 독립문은 오늘날 서대문구 현저동 독립 공원에 세워져 있어요.

서재필은 어떤 인물인가요?

〈독립신문〉을 만드는 데 중심적인 역할을 했던 서재필은 구한말 대표적인 개화파 지식인입니다. 20세에 일본에 유학 가서 앞선 문물을 접하고 개화의 필요성을 느꼈지요.

일본 유학에서 돌아온 서재필은 김옥균, 서광범, 박영효 등 뜻을 같이하는 동료들과 함께 1884년에 개화파가 중심이 된 새로운 정부를 수립합니다. 이 사건을 갑신년에 일어난 정변(혁명이나 쿠데타 따위의 비합법적인 수단으로 생긴 정치적인 변화)이라고 해서 갑신정변이라고 하는데, 청나라 군대의 개입으로 3일 만에 실패하고, 개화파 인사들은 죽거나 외국으로 도망가게 됩니다.

서재필도 미국으로 망명해서 살다가, 1896년에 되돌아와 〈독립신문〉과 독립 협회를 만들어 활발한 근대화 운동을 펼치지요.

하지만 정부가 〈독립신문〉을 탄압하기 시작하자, 1898년 미국으로 다시 돌아갈 수밖에 없었습니다.

서재필의 독립 운동
서재필은 미국으로 돌아간 뒤에도 조선의 독립과 자주를 위해 노력했어요. 우리나라가 일본의 식민 지배를 받을 때 상해 임시 정부와 함께 독립 운동에 힘을 보탰고, 광복 후인 1947년에 미군의 관리가 되어 귀국했어요. 1948년, 대한민국 정부의 첫 번째 대통령 선거에 출마하기도 했지만 미국 국적을 가졌기에 후보 자격을 인정받지 못했어요.

미디어 소식　　　　　　　　　　　　　　　　　　　　제3호

우리나라 최초의 근대 신문, 〈한성순보〉

우리나라 최초의 근대 신문은 1883년 창간된 〈한성순보〉입니다. 〈한성순보〉를 만든 곳은 정부 기관인 박문국(출판과 인쇄를 맡아 보던 정부 기관)이었고, 순한문을 사용하여 열흘에 한 번씩 발간되었습니다. 공책만 한 크기에 24쪽으로 된 책자였어요.

국민의 견문을 넓힌다는 목적으로 만들어진 〈한성순보〉는 국제 정세와 외국 문물, 역사, 과학, 지리 같은 다양한 내용을 실었어요. 그리고 관리들만 읽을 수 있었던 〈조보〉와 달리, 독자층에 제한을 두지 않고 관심이 있는 사람이면 누구나 구독할 수 있었습니다. 하지만 한문으로만 되어 있어서 한자를 아는 사람들만 읽을 수 있었고, 우편 제도가 없던 때여서 행정 조직을 통해 나눠 주었기 때문에 일반 사람들은 받아 보기 어려웠어요. 결국 신문을 읽을 수 있는 사람은 관리와 지식인으로 한정될 수밖에 없었습니다.

〈한성순보〉

〈한성순보〉는 1884년 40호로 폐간됩니다. 갑신정변을 일으킨 개화파 지식인들이 만든 신문이었기에, 갑신정변이 실패로 돌아가면서 〈한성순보〉 또한 폐지된 것이지요.

1886년에 다시 〈한성주보〉로 발간되었는데, 이 신문은 우리나라 최초의 주간 신문입니다. 〈한성주보〉는 한 주에 한 번씩 신문을 만들었고 한글과 한문을 함께 사용했다는 점에서 〈한성순보〉보다 한 단계 발전된 모습을 보입니다.

4. 표현의 자유
소크라테스, 자유롭기 위해 독배를 들다

　기원전 400년경, 그리스의 도시 국가 아테네에 유명한 철학자 소크라테스가 살았어요. 그는 가난하지만 삶의 의미와 선과 악의 문제, 도덕과 지식에 대한 탐구를 게을리하지 않았어요. 깊이 사유하는 그를 존경하며 따르는 젊은이들이 많았답니다.
　그러던 어느 날, 소크라테스는 위험한 사상을 퍼뜨려서 젊은이들을 타락시켰다며 법정에 끌려갔습니다. 그가 법정에 끌려가게 된 데는 제자인 알키비아데스, 크리티아스와 연관이 있었어요.
　알키비아데스는 유능한 군인으로 아테네와 스파르타가 세력 다툼을 하자, 자진해서 스파르타의 요충지인 시칠리아 섬을 공격하러 갔지요. 그런데 그 사이 정적들이 그가 신성 모독을 했다며 모함했어요.
　화가 난 알키비아데스는 스파르타로 망명해 버렸어요. 그리고 아테네에 대한 정보를 털어놓지요. 그 덕분에 스파르타는 시칠리아 섬에서 승리하고 아테네의 땅까지 손에 넣게 됩니다.

스파르타의 지배를 받게 된 아테네에는 '30인 참주'라는 새로운 정부가 들어섰는데, 그들은 아테네 사람이지만 스파르타의 뜻대로 움직이는 꼭두각시들이었어요. 게다가 그들은 폭력으로 죄 없는 시민들을 죽이고 재산을 빼앗았죠. 그 '30인 참주'의 우두머리가 소크라테스의 제자인 크리티아스였습니다. 몇 년 뒤, 크리티아스는 반대파와의 싸움에서 죽고, 아테네는 예전으로 돌아갑니다.

스파르타의 지배하에 암흑시대를 살았던 아테네 인 중 몇몇은 알키비아데스와 크리티아스의 스승인 소크라테스에게도 책임이 있다고 생각했어요. 그래서 소크라테스를 법정에 세운 것이죠. 그들은 소크라테스에게 젊은이를 가르치고 사상을 표현하는 일을 멈추라고 요구했어요. 하지만 소크라테스는 거부했어요.

"내가 살아 있는 한, 진리에 대한 탐구와 깨달음을 전하는 일을 결코 멈추지 않을 것입니다."

결국 소크라테스는 사형을 선고받았습니다. 소크라테스의 친구들이 탈출하라고 설득했지만, 소크라테스는 법에 복종하는 것은 시민의 의무라며 단호하게 거절했어요. 결국 소크라테스는 사형을 당하고, 아테네는 표현의 자유를 포기할 수 없었던 위대한 사상가를 독약으로 죽인 도시가 되었습니다.

소크라테스의 죽음이 주는 교훈은 무엇일까요?

　소크라테스의 재판은 민주주의 국가라고 해서 꼭 표현의 자유가 보장되는 것은 아니라는 사실을 보여 줍니다. 아테네는 시민들이 참여한 민회가 나라를 이끌었던 민주주의 사회였어요.

　민회에 모인 아테네 시민들은 정책을 결정하고 재판을 하기 위해서 자유롭게 생각과 의견을 주고받았지요. 그러나 이런 사회였음에도 불구하고, 다수의 잘못된 결정을 따르지 않고 표현의 자유를 외친 소크라테스에게 사형이 선고된 것입니다.

　이 결정은 다수의 잘못된 결정이 독재자의 결정만큼 위험할 수 있다는 사실을 보여 주지요.

소크라테스의 선택
만약 소크라테스가 고발한 사람들의 요구대로 젊은이들을 가르치지 않고 사상을 표현하지 않겠다고 약속했다면, 그는 벌금을 내거나 다른 나라로 추방당하는 정도의 벌을 받았을 것입니다. 하지만 소크라테스는 살기 위해서 표현의 자유를 포기하기보다는, 목숨을 잃더라도 표현의 자유를 누리는 것을 선택했어요. 그 표현의 자유가 목숨만큼이나 중요한 가치라고 생각한 거예요.

'표현의 자유'가 왜 중요한가요?

　표현의 자유란 '자신의 생각, 의견, 주장 등을 어떠한 방해도 받지 않고 밖으로 나타낼 수 있는 자유'를 말합니다. 흔히 언론과 출판, 집회와 결사 등의 자유를 일컫는 말로 쓰이지만, 넓은 의미에서 보면 예술, 학문의 자유도 포함돼요.

　모든 국가의 헌법은 표현의 자유를 가장 우선적으로 보장하고 있습니다. 그만큼 표현의 자유는 중요한 것이죠.

　표현의 자유가 중요한 이유는 개인이 자신의 생각, 의견, 주장 등을 자유롭게 펼치는 과정을 통해서 권리를 누리고 행복을 추구할 수 있기 때문이지요. 그리고 여러 사람들의 다양한 생각이 모여 사회의 발전을 이룰 수 있고요.

　즉, 표현의 자유는 모든 사람이 주권을 가지고 주권을 행사하는 민주주의를 가능하게 합니다.

1789년 〈프랑스 인권 선언〉 중에서
제11조, 사상과 의견의 자유로운 소통은 인간의 가장 귀중한 권리의 하나이다. 따라서 모든 시민은 자유로이 발언하고 기술하고 인쇄할 수 있다. 다만, 법에 의해 규정된 경우에 있어서의 그 자유의 남용에 대해서는 책임을 져야 한다.

미디어 소식 　　　　　　　　　　　　　　　　　　　　　　　　　　　제4호

헌법에서 보장하는 '표현의 자유'

우리나라 헌법에는 다음과 같은 법 조항을 통해 '표현의 자유'를 보장하고 있어요.

제21조
① 모든 국민은 언론·출판의 자유와 집회·결사의 자유를 가진다.
② 언론·출판에 대한 허가나 검열과 집회·결사에 대한 허가는 인정되지 아니한다.
③ 통신·방송의 시설 기준과 신문의 기능을 보장하기 위하여 필요한 사항은 법률로 정한다.
④ 언론·출판은 타인의 명예나 권리 또는 공중 도덕이나 사회 윤리를 침해하여서는 아니 된다. 언론·출판이 타인의 명예나 권리를 침해한 때에는 피해자는 이에 대한 피해의 배상을 청구할 수 있다.

제22조
① 모든 국민은 학문과 예술의 자유를 가진다.
② 저작자, 발명가, 과학 기술자와 예술가의 권리는 법률로써 보호한다.

이 밖에도 전 세계 모든 사람들의 인권을 보호하고 촉진하기 위해 국제 연합이 발표한 '세계 인권 선언' 제19조와 전 세계 아동의 경제, 사회, 문화에 대한 권리를 규정한 '아동의 권리에 관한 협약' 제12조와 13조에서도 표현의 자유를 보장하고 있습니다.

5. 인쇄 미디어의 힘

종교 개혁을 이룬 종이 한 장의 힘

4세기경, 로마의 국교가 된 기독교는 로마가 세력을 떨치면서 유럽 전체로 퍼졌고, 사람들의 사소한 일상생활에까지 큰 영향을 미쳤어요. 16세기 초, 중세 시대에 이르자, 유럽에서는 왕보다 교황의 권력이 더 커졌습니다. 나라를 다스리는 왕과 귀족들도 기독교를 이끄는 교황 앞에서는 머리를 들지 못했지요.

그런데 권력이 커지면서 성직자들은 점점 변해 갔습니다. 하느님의 말씀을 전하기보다는, 신의 이름을 내세워 재산을 모으고 교회의 세력을 키우는 데 더 정성을 기울였습니다.

급기야 교황 레오 10세는 기독교의 위엄을 드높이겠다며 호화로운 성당을 짓기 시작했습니다. 하지만 돈이 너무 많이 들어서 더 이상 공사를 하기 어려워졌어요. 레오 10세는 궁리 끝에 면벌부를 팔기로 합니다.

당시 사람들은 죄를 지으면, 교회에 가서 죄를 고백하고 그에 대한 벌을 받아야만 죽어서 지옥에 떨어지지 않고 천국에 갈 수 있다고 믿었어요. 그런데 교회에서 면벌부를 팔면서 이 면벌부를 사면 죄를 지어도 벌을 받지 않거나, 약한 벌을 받을 수 있다고 선전한 것입니다.

　벌을 두려워한 사람들은 다투어 면벌부를 샀고, 레오 10세는 많은 돈을 벌게 되었어요. 그리고 그 돈으로 다시 성당 짓기에 나섰지요. 그러나 이 모습에 독일의 수도사이자 신학 박사인 마르틴 루터가 다음과 같이 반박합니다.

　"면벌부로 구원을 받는다는 교황의 주장은 옳지 않다! 《성경》

에서는 자신의 죄를 진정으로 뉘우친다면 면벌부를 사지 않고 하느님의 은총만으로도 구원을 받을 수 있다고 했어."

1517년 10월 31일, 루터는 〈면벌부를 반대하는 95개 조항〉을 발표했어요. 그동안 사치와 향락에 젖어 타락해 가는 교회를 회의적으로 바라보던 사람들은 루터의 주장을 열렬하게 환영했어요. 루터는 〈독일 귀족에게 고함〉, 〈바빌론의 포로 생활〉, 〈그리스도인의 자유〉 같은 소책자들을 만들어서, 다음과 같은 주장을 열심히 폈습니다.

"《성경》에 분명하게 나오지 않은 내용은 따를 필요가 없습니다."

"모든 사람이 교회 예배의 의미를 쉽게 알 수 있도록 라틴어가 아니라 모국어인 독일어로 예배를 합시다."

"성직자는 특별한 존재가 아닙니다. 평범한 신자들과 동등합니다."

루터의 주장은 뜨거운 호응을 받았어요. 그리고 이 사건은 후일 가톨릭 교회의 개혁을 요구하는 '종교 개혁' 운동으로 발전하게 됩니다.

'종교 개혁'이란 무엇인가요?

마틴 루터가 교회의 부패를 비판하자, 평소 교회의 타락을 못마땅해 하던 사람들은 그를 지지했어요. 사람들은 기독교가 썩었다면서 새롭게 하느님을 섬기자고 나섰으니, 이것이 바로 종교 개혁입니다. 새롭게 신을 섬기자는 이들을 개신교라고 해요.

이로써 기독교는 구교인 가톨릭과 신교인 개신교로 나뉘게 되었고, 서로 갈등이 커지면서 구교와 신교 사이에 여러 차례 전쟁도 일어났어요. 종교 전쟁을 겪으면서 독일은 각 개인의 신앙의 자유를 인정하게 되었고, 에스파냐의 지배를 받던 네덜란드와 스위스가 독립하는 정치적인 변화도 일어났습니다.

이처럼 종교 개혁은 교회뿐만 아니라, 인류의 역사를 바꾸는 큰 역할을 했어요.

성 바르톨로메오의 학살
1572년, 프랑스에서는 신교도인 위그노 1만여 명이 로마의 가톨릭교도에게 무참히 학살당했습니다. 같은 종교이나 믿는 방식이 다르다고 일어난 이 참혹한 사건은 구교와 신교 사이의 전쟁 중에서도 손꼽히는 참담한 사건이었습니다.

인쇄술의 발명이 종교 개혁을 이끌었다고요?

종교 개혁을 이끈 가장 큰 공로자 가운데 하나는 바로 루터의 소책자라고 할 수 있어요. 기독교의 부정부패를 날카롭게 조목조목 따진 루터의 글이 사람들에게 큰 호응을 불러일으켰으니까요. 마침 발명된 활판 인쇄술 덕에, 루터는 자신의 의견을 빠르게 사람들에게 알릴 수 있었어요. 만약 인쇄술이 없었다면 루터의 종교 개혁은 좀 더 어렵게 이루어졌을 거예요.

1450년, 독일의 구텐베르크가 활판 인쇄술을 발명했어요. 문자가 볼록하게 새겨진 금속 활자를 판 틀에 넣어서 인쇄기로 찍는 방법이었죠. 그 전에는 일일이 손으로 베껴 써야 했기 때문에 책을 만들기가 쉽지 않았고 값도 무척 비쌌어요. 하지만 구텐베르크의 인쇄술이 생겨나면서, 좀 더 값싸고 빠르게 지식과 정보가 퍼져 나갈 수 있게 되었지요.

책을 인쇄하고 있는 인쇄소
성직자와 지식인 들만 읽을 수 있었던 《성서》가 값싸게 보급되면서 일반인들도 읽을 수 있게 되었습니다. 인쇄술은 지식과 정보를 널리 퍼뜨리는 중요한 역할을 맡게 되었어요.

미디어 소식 제5호

금속 활자를 발명한 나라는?

서양에서 독일의 구텐베르크가 활판 인쇄술을 발명했지만, 그가 세계 최초로 인쇄술을 발명한 것은 아닙니다. 그보다 앞서 금속 활자를 만든 사람들이 있거든요. 바로 우리 조상님이지요.

금속 활자로 찍은 책 가운데 세계에서 가장 오래된 책으로 추정되는 것은 《상정고금예문》입니다. 고려 인종 때 최윤이 왕명을 받아 만든 50권의 책이지요. 이 책은 현재 전해지지 않지만, 고려 고종 때 나온 《동국이상국집》에 《상정고금예문》을 1234년에 금속 활자로 찍었다는 기록이 남아 있습니다.

지금까지 남아 있는 세계에서 가장 오래된 금속 활자 인쇄본은 《백운화상초록불조직지심체요절》입니다. 줄여서 《직지심체요절》 혹은 《직지》라고도 해요. 1372년 고려 공민왕 때 경한 스님이 쓴 책인데, 1377년에 흥덕사에서 금속 활자로 인쇄되었지요. 따라서 독일의 구텐베르크보다 무려 200여 년이나 앞서 금속 활자와 활판 인쇄술을 사용했음을 알 수 있지요.

그런데 지금 《직지심체요절》은 우리나라가 아니라, 프랑스 국립도서관 동양 문헌실에 소장되어 있습니다. 1886년 한국과 프랑스 간에 수호 통상 조약이 맺어진 뒤, 첫 번째 주한 대리 공사로 우리나라에 와 있던 콜랭 드 플랑시가 오래된 책과 문화재를 수집하면서 《직지심체요절》을 가져간 것입니다. 현재 우리 정부는 《직지심체요절》을 비롯해 약탈된 문화재를 돌려받기 위해 노력하고 있답니다.

6. 언론 사상의 자유
검열을 거부한다, 내게 말할 자유를 다오!

17세기경, 영국이 자랑하는 대시인 존 밀턴은 이혼에 관한 책을 썼습니다. 밀턴은 어린 아내와 결혼했는데, 정치적인 이유로 사이가 좋지 못했어요. 밀턴은 국왕을 비판했는데, 아내의 친정에서는 국왕을 지지했거든요. 결국 몇 주 만에 이혼을 하게 된 그는 자신의 경험을 바탕으로 삼아 이혼에 관한 책을 썼어요.

"부부 간의 생각이 조화를 이루지 못하는 정신적인 이유도 심각한 이혼 사유가 됩니다."

밀턴의 주장에 많은 사람들은 충격을 받았어요. 그 당시는 이혼하는 것이 큰 잘못인 시대였기 때문이지요.

"한번 결혼하면 부부가 어떤 일이 있어도 함께 살아야지!"

"부끄러운 줄도 모르고 이혼을 찬성하는 밀턴은 아주 방탕하게 사는 사람이 분명해!"

밀턴의 책은 폐기 처분되었어요. 그리고 모든 출판물은 출판 전에 어떤 내용으로 책을 만들 것인지 왕실과 교회의 검열을 받아야 한다는 '출판 면허법'이 공포되었습니다. 밀턴은 출판 면허법이 책이나 신문을 죽이는 법이고, 이는 결국 사람의 정신을 죽이는 것이기 때문에 사라져야 한다고 생각했어요.

1644년 밀턴은 자신의 생각을 정리해서 연설문 형식으로 쓴 《아레오파지티카》를 발표했어요. 이 책의 이름은 고대 그리스의 아테네에 있던 '아레오파고스'에서 따왔어요. 아레오파고스는 아테네 민회가 시민들에게 민회의 의견을 알리는 곳이었어요. 밀턴은 자유롭게 말할 수 있는 아레오파고스를 언론 자유의 상징으로 생각했고, 그래서 책 제목도 《아레오파지티카》라고 지었던 거예요.

"검열은 모든 학문의 발전과 진리의 발견을 중단시키는 일입니다. 왜냐하면 학문을 통해 얻을 수 있는 지식은 새로운 견해의 발표를 통해서 발전하고, 진리는 자유로운 토론에 의해 발견될 수 있기 때문입니다."

"공개 토의를 거치지 않고 왕실과 교회가 출판물의 참과 거짓, 선악을 결정하는 것이야말로 거짓이요, 악입니다. 누구나 어디서든 모여 자유롭게 토론하는 것을 허용해야 합니다."

"나에게 어떤 자유보다, 양심에 따라 자유롭게 알고 말하고 토론할 수 있는 자유를 주시오."

밀턴의 주장을 담은 《아레오파지티카》는 당장 큰 변화를 가져오지는 못했어요. 하지만 훗날 검열 제도가 폐지되고, 언론의 자유를 앞당기는 데 큰 영향을 주었답니다.

왜 검열 제도가 있었나요?

'검열'이란 언론, 출판, 보도, 연극, 영화, 우편물 등을 공식적으로 발표하기 전에 그 내용을 검사하여 발표 내용을 제한하거나 못하게 하는 일을 말합니다.

밀턴이 살았던 영국을 비롯한 중세 시대의 유럽에서는 왕실과 가톨릭교의 권위가 대단했습니다. 일반 백성들은 왕과 하나님을 모시는 것을 영광으로 알면서 순종했어요.

하지만 구텐베르크의 활판 인쇄술이 발명되고 《성경》을 비롯한 출판물들이 많이 만들어지자, 일반 국민들도 쉽게 출판물들을 가질 수 있게 되었어요. 지식과 정보에 눈을 뜨게 되면서 사람들은 차츰 왕과 신보다는 자기 자신을 중심에 두고 생각하게 되었지요.

왕실과 교회는 이런 현상을 보고 출판물을 엄격히 검열했습니다. 내용을 미리 검사해서 왕실과 교회의 권위를 흔드는 책은 고쳐 쓰거나 아예 출판을 하지 못하게 했지요.

존 밀턴
영국의 대시인으로 《실낙원》 등을 저술했어요. 뛰어난 문학가로 알려져 있지만 왕정을 비판하고 공화정을 주장한 개혁가이기도 했어요.

영국의 검열 제도는 언제 없어졌나요?

영국의 검열 제도는 《아레오파지티카》가 발표된 지 50여 년이 흐른 뒤에야 사라지게 됩니다. 당시 영국의 왕 제임스 2세와 의회(현재의 국회와 비슷한 기관)는 종교와 정치적 입장이 달라 서로 대립하고 있었어요. 결국 의회는 제임스 2세의 딸과 사위를 여왕과 왕으로 추대했고, 제임스 2세는 프랑스로 망명하지요. 피를 보지 않고 정권이 교체된 이 사건을 '명예 혁명'이라고 합니다.

새로운 왕이 된 메리 2세와 윌리엄 3세는 의회가 만든 '권리 장전'이란 법을 인정했어요. 권리 장전은 나랏일을 할 때 의회의 동의를 얻을 것, 의회에서 언론의 자유를 보장할 것 같은 내용을 담고 있었어요. 이로써 의회는 왕과 대등할 만큼 힘을 갖게 됩니다.

힘을 가지게 된 의회는 불합리한 부분들을 하나하나 고쳐 나가기 시작했어요. 그중 하나가 출판 면허법을 없애는 것이었죠.

명예 혁명이 일어나고 6년이 흐른 1695년, 마침내 출판 면허법을 없앨 수 있게 되었어요. 이로써 영국은 출판의 자유를 맞이하게 됩니다.

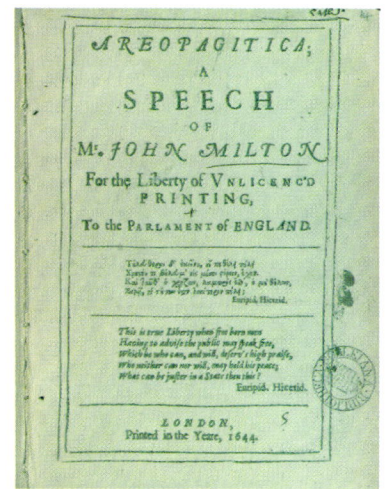

존 밀턴이 쓴 《아레오파지티카》
검열의 부당함에 대해 쓴 이 책은 훗날 검열 제도를 없애는 데 큰 역할을 합니다.

미디어 소식   제6호

진나라의 멸망을 부른 분서갱유

진시황제는 기원전 220년경 수많은 나라들로 쪼개져 있던 중국을 통일한 왕입니다. 그는 진나라를 세워 황제가 된 뒤, 나라를 강력하게 만들기 위해서 나라의 조직과 행정을 황제에게 집중시켰고 법을 지키지 않는 사람에게는 무거운 벌을 내렸어요. 또, 지역마다 다르게 사용되는 문자와 화폐, 무게와 길이를 재는 도량형을 통일하여 사용하게 했어요. 흉노족을 막기 위해 만리장성도 쌓았고요.

진시황제의 이런 정책으로 중국은 크고 강한 나라가 되었고, 외국에까지 이름을 떨치게 되었습니다. 오늘날 중국의 영어 명칭인 '차이나(China)'는 바로 진나라에서 비롯했어요. 하지만 진시황제는 통일이라는 이유로 사람들의 다양한 생각을 무시했어요. 만리장성을 쌓고 자신이 사는 호화로운 궁을 짓기 위해 백성들을 쥐어짜고 혹사시키기도 했고요.

그러자 사람들은 그를 비판하기 시작했어요. 진시황제는 학자들이 자신의 통치 방식을 비판한다는 소리를 듣자, 농업, 의학처럼 실생활에 필요한 책을 제외한 모든 책을 불태우라고 명령합니다. 그리고 자신을 비판하는 학자들을 산 채로 땅에 묻어 죽였어요.

책을 태우고 학자를 땅에 묻었다는 뜻에서 이 사건을 '분서갱유'라고 부릅니다. 중국은 강한 나라가 되었지만, 진시황제의 공포 정치로 언론의 자유를 뺏긴 백성들의 불만은 점점 더 커졌어요. 결국 전국 각지에서 반란이 일어났고, 진시황제가 중국을 통일한 지 고작 14년 만에 진나라는 멸망하고 맙니다.

중국 최초의 황제 진시황

7. 언론의 자유
막힌 입 때문에 독립한 나라

17세기 초, 영국에서는 종교와 정치적 갈등 때문에 많은 사람들이 죽고 다쳤어요. 그런 상황에 진절머리가 난 사람들은 새로운 나라를 찾아 떠났어요. 그중 하나가 아메리카로 떠나는 이들이었습니다.

처음에는 아무것도 없는 허허벌판에서 새로운 마을과 도시를 세우느라 많은 사람들이 죽어 갔지만, 18세기 초에 이르면서 13개 주의 영국 식민지를 만드는 데 성공했어요. 그야말로 이역만리 떨어진 황무지에서 맨손으로 이룬 성과였지요. 영국은 아메리카의 식민지에 총독을 파견했지만 크게 간섭하지 않았고, 식민지주마다 의회를 만들어 운영했습니다.

그런데 영국은 아메리카 식민지를 두고 무려 7년에 걸쳐 프랑스와 벌인 전쟁에서 승리하자, 바닥난 국고를 채우기 위해 식민지를 억압하기 시작했어요. 영국은 식민지에서 세금을 걷었고, 전보다 심하게 간섭했어요. 특히 1765년, 영국이 발표한 인지세가 식민지 사람들의 분노에 불을 질렀지요.

인지세란 신문, 책, 광고, 계약서·허가서 같은 각종 법률 문서, 학위 증서, 심지어 달력과 카드놀이용 카드에까지 인지(세금이나 수수료를 낸 것을 증명하기 위하여 서류에 붙이는 종이)를 붙이면서 내야 하는 세금이에요. 특히 인지세는 신문과 모든 법률 문서에 무거운 세금을 부과했기 때문에, 언론인 단체와 변호사 단체가 더 강하게 반발했어요.

"영국 의회는 우리 식민지 의회의 대표를 참석시키지 않은 채

인지세를 찬성했어. 그런 세금을 우리가 왜 내야 해?"

식민지의 언론인들은 인지세를 내지 않기 위해 다양한 방법을 썼어요. 일부 신문은 발행을 중단하기도 하고, 어떤 신문은 인지세를 내지 않기 위해 제목 없이 발행하기도 했어요. 또 다른 신문은 인지 판매를 방해하는 사람들 때문에 인지를 살 수 없었다는 핑계를 댔고, 용기 있는 신문은 죽은 사람을 애도하는 것처럼 1면에 검은 테를 둘러서 인지세를 비판했습니다.

식민지 사람들의 반발이 점점 심해지자 영국인들은 어쩔 수 없이 인지세를 폐지해야 했어요. 끈질기게 항의한 식민지 사람들의 의지가 있기에 가능한 일이었지요.

인지세가 언론의 자유에 어떤 영향을 주었나요?

인지세 반대 표지

영국은 왜 인지세를 부과하려고 했던 것일까요? 영국은 식민지에 인지세를 부과하기 전에 이미 본국에서도 인지세를 걷고 있었습니다. 국민에게 잘못된 정보를 주고 국민을 나쁜 길로 선동하는 신문을 단속하기 위해서라며 말이지요.

하지만 인지세를 걷는 영국 정부의 진짜 속셈은 따로 있었어요. 신문에 인지세를 붙이면 당연히 신문 가격이 올라가요. 그러면 경제적인 여유가 없는 대다수 국민들은 신문을 사 볼 수 없게 됩니다. 신문은 지식과 정보를 퍼뜨리는 매체예요. 따라서 많은 사람들이 신문을 읽으면서 지식과 정보를 얻게 되고, 이를 발판으로 정부가 잘못을 하면 비판하거나 거부할 수 있어요.

정부를 구성하고 있는 귀족이나 돈이 많은 상인들은 국민들이 자신들을 비판하거나 거부할까 봐 신문을 널리 퍼뜨리지 못하게 하고, 정보와 지식을 독점하려고 한 거예요. 따라서 영국의 인지세는 영국의 신문 발전에 큰 걸림돌이 되었어요.

반면 식민지의 인지세는 폐지되면서, 식민지의 신문 산업은 자유롭게 발전할 수 있었어요. 신문을 통해 독립과 자유에 대한 열망이 커졌고 식민지 사람이란 이유로 영국에게서 억압당하는 건 부당하다고 느꼈죠. 그리고 이런 의식은 후일 독립 운동으로 이어집니다.

언론의 자유를 보장한 미국 수정 헌법 제1조

영국의 아메리카 식민지들은 영국으로부터 독립하기로 마음을 먹고 독립 전쟁을 벌입니다. 영국과의 전쟁에서 승리하고 1783년에 드디어 독립하지요. 그리고 4년 뒤, 헌법을 제정하여 13개 주가 연합한 연방 국가로 태어났으니, 이것이 바로 오늘날 미국의 시초였습니다. 헌법은 한 국가를 이루는 근본법으로 다른 법률이나 명령으로 변경할 수 없는 한 국가의 최고 법규입니다.

미국은 헌법을 계속 검토하면서, 시민들의 권리를 좀 더 보호할 필요가 있음을 느끼게 되었어요. 그래서 10개의 법률을 새로 만들고 고쳐서 1792년 '수정 헌법'을 만들었죠. 이 수정 헌법은 현재까지 큰 관심과 사랑을 받고 있는데, 그 이유는 첫 번째 조항에서 자유롭게 말하거나 출판할 수 있는 언론의 자유를 문서화했기 때문입니다.

언론의 자유가 시민의 기본권임을 헌법의 첫머리에 분명하게 밝힌 것이지요.

미국의 수정 헌법 제1조
"의회는 국교를 정하거나 자유로운 종교 활동을 금지하는 법률이나, 언론과 출판의 자유를 제한하거나 혹은 국민이 평화롭게 집회하고 불만 사항을 고쳐 주도록 정부에 청원할 권리를 제한하는 어떤 법률도 제정할 수 없다."

미디어 소식   제7호

언론 자유의 승리를 보여 준 젱거 사건

아메리카의 영국 식민지가 인지세 폐지를 위해 노력하던 중 일어난 존 피터 젱거 사건은 언론 자유의 승리를 보여 주는 중요한 사례가 되었습니다.

1735년 젱거가 자신의 신문 〈뉴 위클리 저널〉에 영국 총독의 잘못을 비판하는 기사를 싣자, 총독은 정부에 대한 모욕과 선동죄로 젱거를 구속했어요. 젱거의 변호를 맡은 앤드루 해밀턴 변호사는 젱거가 유죄 판결을 받으려면 젱거의 신문에 실린 기사 내용이 거짓이어야 하고, 만약 사실을 알린 것이라면 무죄라고 주장했어요. 그리고 신문을 만드는 사람들이 집권층의 잘못에 대해 자유롭게 표현하는 것은 독립과 자유를 위해 꼭 필요한 일임을 강조했습니다. 결국 해밀턴 변호사와 젱거를 지지하는 사람들 덕에 젱거는 무죄 판결을 받고 풀려났어요.

집권층에 대해서 비판하는 일이 금지되었던 당시 상황에서, 젱거 사건은 사실이라면 집권층의 잘못에 대해서도 신문에 실을 수 있다는 중요한 사례가 되었습니다. 즉, 사실이라면 무엇이든 신문에 실을 수 있다는 법적인 근거를 마련하는 계기가 된 것이죠.

이렇게 젱거 사건은 인지세 폐지 운동과 더불어 식민지 언론의 힘을 키워 주는 중요한 사건이 되었어요. 또, 식민지 시대의 신문은 후일 미국의 독립 운동에 중요한 역할을 담당하게 됩니다.

언론의 자유를 확정지은 피터 젱거의 승리

8. 매스 미디어의 등장

호외요, 호외! 신문 한 장에 단돈 1페니!

　1831년, 미국의 벤저민 데이는 뉴욕의 인쇄업자였어요. 그는 많은 돈을 써서 인쇄소를 차렸기 때문에 수입이 없으면 곧 파산할 지경이었어요. 벤저민은 어떻게 하면 큰돈을 벌 수 있을까 고민했어요.

　"인쇄소를 이용하는 사람들이 많아야 돈을 벌 수 있는데, 어떻게 하면 좋을까?"

　"인쇄소를 광고하는 신문을 만들어요. 이왕이면 그 신문에 인쇄소 광고뿐 아니라 재미있는 내용도 실읍시다. 그러면 더 많은 사람들이 신문을 보게 되지 않을까요?"

　"그래, 좋은 생각이야. 그리고 신문 값을 대폭 내리는 거야. 그럼 많은 사람들이 부담 없이 신문을 사 보겠지? 1페니면 어떨까?"

　1833년, 드디어 1페니라는 적은 돈으로 살 수 있는 〈뉴욕 선〉

이 나왔어요. 이 신문이 최초의 '페니페이퍼'입니다. 〈뉴욕 선〉은 정치와 경제 뉴스를 주로 다루는, 부자와 지식인 들을 위한 신문들과는 달랐어요. 새로운 지방 소식, 흥밋거리, 자극적인 내용을 실어서 사람들의 세속적인 관심을 끌었습니다.

"범죄와 사고 소식은 사람들의 호기심을 끄니까, 병원과 경찰서를 열심히 취재하자!"

이렇게 〈뉴욕 선〉은 중요하고 가치 있는 뉴스보다는 재미있게 읽을 만한 내용들을 담았어요. 또, 신문을 더 많이 팔기 위해서 길거리에서 판매를 했어요. 이런 벤자민 데이의 판매 방식은 효과를 발휘해서 신문 판매 부수는 점점 증가했고, 1836년에는 뉴욕에 있는 모든 신문 부수를 합친 것보다 〈뉴욕 선〉의 판매 부수가 더 많았어요.

〈뉴욕 선〉이 성공을 거두자 페니페이퍼들이 속속 생겨났어요. 〈뉴욕 선〉의 가장 강력한 경쟁지는 1835년에 제임스 베넷이 만든 〈뉴욕 헤럴드〉였어요.

〈뉴욕 헤럴드〉는 경제학을 가르친 제임스 베넷의 경험을 바탕으로 다른 신문에서 볼 수 없는 경제 기사를 실었어요. 또 인터뷰 기법, 스포츠 뉴스 신설, 일요 신문 발간, 해외 특파원제 최초 실시 같은 독특한 시도를 하여 큰 인기를 끌었지요.

이외에도 아루나 아벨의 〈볼티모어 선〉, 호러스 그릴리의 〈뉴욕 트리뷴〉, 헨리 레이먼드의 〈뉴욕 타임스〉가 대표적인 페니페이퍼들입니다. 그리고 페니페이퍼의 등장으로 대중들을 위한 미디어가 보다 본격적으로 성장할 수 있었어요.

'페니페이퍼'에 어떤 특징이 있나요?

미국의 독립 혁명, 영국과 프랑스의 시민 혁명이 일어나면서 사회적으로 많은 변화가 일어났습니다. 교육을 받아 글을 읽고 쓸 수 있는 사람들이 많아졌고, 인쇄술이 발달하면서 신문을 비롯한 출판물을 대량으로 만들 수 있게 되었어요. 또, 교통과 통신이 발달하면서 많은 정보를 빠르게 주고받게 되었죠. 그리고 드디어 값싼 신문 '페니페이퍼'가 등장했어요.

페니페이퍼는 1페니로 살 수 있는 신문을 뜻하는 것으로 값이 싸졌다는 의미에서 염가 신문이라고도 합니다. 당시 6~8센트이던 신문의 값을 1센트로 낮췄다는 것이 페니페이퍼의 가장 큰 특징이랍니다. (페니는 1센트의 애칭이에요.)

페니페이퍼가 성공하면서 많은 신문이 만들어졌지만, 판매와 광고 수입을 늘리기 위해서 범죄와 유명한 사람의 뒷소문 같은 자극적인 기사를 주로 실었다는 점에서 문제가 되기도 했어요.

최초의 페니페이퍼 〈뉴욕 선〉
페니페이퍼는 일반 사람들이 쉽게 읽을 수 있도록 하기 위해서 중요한 뉴스보다는 흥밋거리와 친밀감을 주는 생활 기사를 주로 실었어요. 그리고 이해하기 쉬운 문장에, 머리기사(주요 기사에 다는 제목, 혹은 주요 기사)와 삽화 같은 시각적인 요소들을 사용했지요.

페니페이퍼는 어떤 변화를 가져왔나요?

페니페이퍼의 탄생은 신문의 대중화를 가져왔어요. 당시 신문은 다소 비쌌던 탓에 소수의 특권 계층만이 보던 정보지였어요. 그런데 값이 대폭 내려가면서, 누구나 부담 없이 읽을 수 있는 신문이 되었지요.

가난하고 교육 수준이 높지 않은 사람들도 읽을 수 있어야 하기 때문에 흥밋거리 위주의 뉴스가 실린다는 문제도 있었지만, 권력을 가진 특권 계층을 비판할 수도 있었어요. 페니페이퍼 이전의 신문들은 정치가나 돈 많은 상인들의 후원으로 만들어졌기 때문에, 특권 계층의 눈치를 봐야 했거든요.

하지만 페니페이퍼는 일반 시민들에게 신문을 팔고 광고 수입으로 얻은 돈으로 꾸려 나가기 때문에, 일반 시민들을 위한 정치와 사회 개혁을 주장할 수 있었답니다.

이처럼 페니페이퍼는 신문이 대중 매체라는 이름에 걸맞게 변신했다는 점에서 큰 의미가 있어요.

페니페이퍼의 등장은 좀 더 대중을 위한 기사를 실을 수 있는 기반이 되었어요.

미디어 소식　　　　　　　　　　　　　　　　　　　　　　　　　제8호

속보 경쟁에 불을 붙인 전신

페니페이퍼가 등장하면서 신문사의 수가 크게 늘었어요. 경쟁적으로 취재를 하다 보니 다른 신문사보다 빠르게 새로운 뉴스를 싣는 것이 중요해졌죠. 때마침 기계가 발전하면서 증기선과 철도가 나타났고, 비둘기 통신, 전신을 통해 정보가 보다 쉽고 빠르게 전달되었어요.

그중에서도 전신은 뉴스 전달에 획기적인 변화를 가져왔어요. 전신은 문자나 숫자를 전기 신호로 바꾸어 전파나 전류로 보내는 통신을 말해요. 전신으로 소식을 전하면 열흘 이상 걸리던 것이 하루면 가능했어요. 이 전신 기계 덕에 작은 마을의 신문사도 전국에서 일어나는 뉴스를 신문에 실을 수 있게 되었어요.

그런데 전신은 사용료가 비쌌기 때문에, 간략하게 핵심만 담은 내용을 전달하게 되었어요. 그러다 보니 기자의 의견이 많았던 신문 기사가 사실 위주의 기사로 바뀌게 되었지요.

1848년 멕시코 전쟁을 겪으면서 전신의 중요성을 느낀 미국 신문사들은 경쟁을 멈추고 힘을 합쳐 연합 통신을 만들었어요. 바로 이 회사가 오늘날 전 세계 8,500여 개의 신문사와 통신사, 방송국에 각종 뉴스를 제공하는 AP통신입니다.

9. 대중 신문의 발전
전쟁을 부추긴 노란 신문들

　윌리엄 허스트는 매우 의욕이 많은 사업가였어요. 당시 미국에서는 조지프 퓰리처가 〈뉴욕 월드〉라는 신문사를 잘 운영해서 커다란 성공을 거두었는데, 허스트도 그처럼 성공하고 싶었어요.

　1895년, 허스트는 〈모닝 저널〉이라는 신문사를 사들였어요. 그리고 임금을 더 준다며 〈뉴욕 월드〉의 유능한 기자와 편집인들을 끌어왔지요. 또 판매 부수가 늘어나는 만큼 임금을 더 올려 주었어요. 그렇게 되자 기자들은 의욕적으로 기사를 취재했고, 판매 부수를 올리기 위해 흥미 위주의 기사를 썼어요. 자연히 〈뉴욕 월드〉 쪽의 판매 부수가 떨어지기 시작했지요.

　"〈모닝 저널〉이 우리 〈뉴욕 월드〉의 직원들을 데려가더니 무서운 속도로 성장하고 있어. 〈모닝 저널〉에게 뒤지지 않기 위해서 더 흥미를 끄는 기사를 써야겠어."

〈모닝 저널〉과 〈뉴욕 월드〉는 서로 경쟁하기 시작했고, 그러면서 신문 기사의 내용은 점점 더 자극적이고 선정적으로 변해 갔어요. 그러다 1896년, 에스파냐가 쿠바의 독립 투쟁을 진압한 사태가 일어나자 그 사건의 취재 경쟁에 가속도가 붙었지요.

에스파냐는 쿠바 사람들을 수용소로 보냈는데, 수용소에 전염병이 돌고 제대로 식량이 공급되지 않아 죽는 사람들이 많았습니다. 〈모닝 저널〉과 〈뉴욕 월드〉는 수용소에서 죽은 쿠바 인의 수가 11만 명인데, 사람들의 흥미를 끌기 위해 훨씬 과장해서 40만 명이 죽었다고 보도했어요. 신문을 읽고 충격을 받은 사람들은 에스파냐를 비난했어요.

또, 〈모닝 저널〉은 에스파냐 대사의 편지를 폭로했어요. 그 편

지에는 미국 대통령을 험담하는 내용이 있었고, 이를 본 미국 사람들은 에스파냐를 못마땅하게 여기게 되었어요.

그리고 미국 전함 메인호가 폭발하는 사고가 있었는데, 〈모닝 저널〉은 이 사고가 에스파냐가 저지른 것이라고 대대적으로 보도했어요. 〈뉴욕 월드〉 또한 많은 지면을 통해 에스파냐와의 전쟁을 강하게 요구했습니다.

결국 이 일이 도화선이 되어서 1898년에 미국과 에스파냐는 전쟁을 치르게 됩니다. 전쟁이 일어나면서 수많은 사람들이 죽고 다쳤어요. 두 신문사의 과열된 보도가 전쟁을 일으킨 원인 중 하나가 된 것이죠. 이렇게 전쟁까지 불러일으킨 과열된 왜곡, 선정적인 보도에 대해 양심적인 언론인들은 '황색 저널리즘'이라고 부르며 비판하였어요.

'황색 저널리즘'이 뭐예요?

황색 저널리즘은 〈뉴욕 월드〉와 〈모닝 저널〉의 일요판에 노란색 어린이 캐릭터가 등장하는 컬러 만화를 실은 데서 유래한 말이에요. 1889년 〈뉴욕 월드〉가 노란색 어린이 캐릭터가 등장하는 만화를 먼저 연재하여 인기를 끌자, 〈모닝 저널〉도 똑같은 캐릭터가 등장하는 만화를 연재합니다. 이 만화는 황색 아이들의 전쟁이라 불릴 정도로 두 신문의 경쟁을 부채질했어요.

두 신문은 시선을 끌기 위해서 기사의 제목을 엄청 큰 글씨로 뽑았고, 사진도 지나치게 많이 사용했어요. 그런데 사실과 다르게 조작된 사진이 많았고, 기사도 잘못된 내용이 많았어요.

재미만 추구하는 기사들로 가득한 두 신문은 '황색 저널리즘'이라 불렸고, 이 말은 범죄와 충격적이고 부도덕한 사건, 개인의 사생활에 대한 소문을 다룬 기사, 재난, 스포츠 등 선정적인 보도를 일삼는 언론을 일컫는 대명사가 되었어요.

〈뉴욕 월드〉와 〈모닝 저널〉의 경쟁에 불을 지른 노란 어린이 캐릭터

'뉴 저널리즘'이 뭐예요?

요즘처럼 텔레비전이나 인터넷이 없던 1900년대 초반에는 신문이 최고의 광고 수단이었어요. 회사들은 다투어 자기 제품을 광고해 달라며 신문사에 돈을 냈고, 신문사는 그 돈으로 큰 돈을 벌었어요. 기업이 된 신문사는 더 많은 신문을 찍어 더 많은 사람들에게 읽히길 바랐어요. 그래야 다른 기업에서 광고를 내달라며 돈을 싸들고 올 테니까요.

이렇게 신문이 기업화되면서 신문의 내용도 변했어요. 딱딱한 정치 기사에서 벗어나, 생활 정보 등 관심과 흥미를 끄는 다양한 기사를 다루었어요. 그리고 쉽게 읽을 수 있도록 사진과 삽화 등을 사용했고, 보다 더 많은 독자를 확보하기 위해 기사 내용의 객관성과 중립성을 내세웁니다.

이렇게 19세기 말부터 20세기 초까지 신문의 기업화를 불러온 여러 가지 새로운 변화를 '뉴 저널리즘'이라고 해요. '뉴 저널리즘' 방식을 도입하여 성공을 거둔 신문들이 바로 〈뉴욕 월드〉와 〈모닝 저널〉입니다.

노란 신문 경쟁을 벌였던 조지프 퓰리처(위)와 윌리엄 허스트

퓰리처와 퓰리처상

조지프 퓰리처는 헝가리에서 태어났어요. 미국으로 건너가 세인트루이스에서 신문 기자로 일하다가 자신이 일하던 작은 신문사를 인수해서 경영자가 됩니다. 1883년에는 〈뉴욕 월드〉를 사들여서 미국에서 가장 발행 부수가 많은 신문으로 만들어요. 하지만 허스트의 〈모닝 저널〉과 치열한 경쟁을 벌이면서, 자극적이고 선정적인 기사를 주로 실어서 '황색 저널리즘'이라는 악명을 얻게 됩니다.

그럼에도 퓰리처는 훌륭한 언론인으로 평가받기도 해요. 바로 '퓰리처상' 때문이지요. 퓰리처는 1903년에 컬럼비아 대학에 많은 돈을 기증하여 언론인 교육을 위한 신문학부를 만들었어요. 그리고 자신이 죽은 후에 언론인을 위한 상을 만들어 달라는 유언을 남기지요.

퓰리처의 뜻을 받들어 1917년에 만들어진 상이 퓰리처상입니다. 퓰리처상은 보도, 문학, 드라마, 음악 분야의 발전에 기여한 미국 시민들에게 주는 상이에요. 보도 분야는 뉴스와 사진 등 14개 부문, 문학 분야는 시와 소설, 연극을 포함한 6개 부문, 음악 분야는 1개 부문에서 시상이 이루어져요. 컬럼비아 대학의 언론 대학원에서 주최해서, 매년 4월에 수상자를 발표하고 5월에 시상식을 하지요.

언론 부분의 노벨상이라고 할 수 있을 만큼 권위와 명예를 인정받는 퓰리처상은 모든 언론인의 꿈이에요.

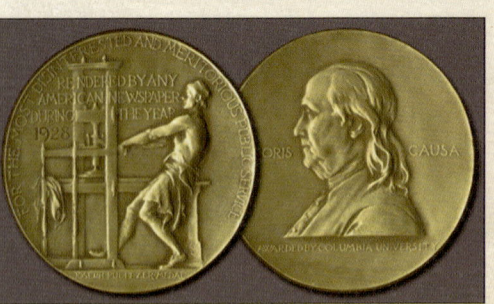

훌륭한 언론인에게 주어지는 퓰리처상 메달

10. 방송 미디어의 등장

SOS! '거인'이 가라앉고 있다!

　1912년 4월 14일 밤 11시 40분, 마르코니 무선 전신 회사에서 일하는 데이비드 사르노프는 무선 수신기를 통해 다음과 같은 전파 신호를 잡았어요.

　"여기는 타이타닉! 배가 침몰하고 있다!"

　사르노프는 깜짝 놀랐어요. 타이타닉이라면 영국 화이트스타 사가 만든 초호화 여객선이거든요. 사흘 전 영국 사우샘프턴 항구에서 뉴욕을 향해 출항한 배였죠. 사르노프는 급히 무전을 쳤어요.

　"사고 난 곳의 위치는 어디인가?"

　"대서양 뉴펀들랜드의 그랜드 뱅크스 남쪽이다."

　사르노프는 타이타닉호와 72시간 동안 교신했어요. 그리고 교신 내용을 원고로 정리해서 신문사에 알렸어요.

타이타닉호 침몰 사건은 전 세계적으로 큰 충격을 안겨 주었습니다. 무게 4만 5,000여 톤에 길이 260미터의 큰 규모 덕분에 그리스 신화에 나오는 거인 타이탄의 이름을 딴 타이타닉호는 영국뿐만 아니라 세계의 관심을 모았어요. 하나님도 침몰시킬 수 없는 배라는 말이 나올 정도로, 타이타닉호는 그동안 축적된 과학 기술이 만들어 낸 최고의 배였습니다. 호화로운 내부 설계에 터키식 사우나와 스쿼시 경기장, 수영장까지 갖춰서, 1등석 가격이 오늘날 돈으로 6,000만 원 정도였다고 해요. 그러니 유럽의 유명한 부자들도 많이 탑승하고 있었죠.

그런 타이타닉호가 북대서양의 빙산과 충돌하여 어이없게 침몰하게 된 것입니다. 승무원들은 잠자던 승객들을 깨워 구명조끼를 나누어줬고, 구명보트를 꺼냈습니다. 65인승인 구명보트가 20척밖에 없어서 여성과 어린이들을 먼저 태웠어요.

결국 다음 날 새벽 2시 20분에 배 전체가 침몰하였고, 구명보트에 타지 못한 조난자 1,500여 명은 영하의 차가운 물속으로 가라앉고 맙니다. 겨우 700여 명만이 구조돼 4월 18일에 뉴욕에 도착했어요.

그러나 이 참담한 사건은 다른 한편으로는 라디오의 발전을 가

져오게 됩니다. 데이비드 사르노프는 타이타닉의 구조 전파 신호를 받아 생생하게 알렸고, 이로써 무선 수신기의 위력이 널리 알려지게 되었어요. 그러면서 일부 사람들만 통신용으로 사용하던 무선 수신기가 일반 대중들에게도 널리 퍼지게 됩니다. 이 무선 수신기가 바로 초기의 라디오이지요.

라디오가 발명되었어요

1876년 벨이 전화를 발명했어요. 1888년 헤르츠가 전파를 발명하고, 1895년에 마르코니가 무선 통신을 발명했죠. 그리고 1906년 리 드포리스트가 3극 진공관을 발명했는데, 이 모든 기술들이 집대성된 것이 바로 라디오입니다. 즉, 방송국에서 발신하는 전파를 잡아 이것을 음성으로 복원하는 기계가 라디오이지요.

초창기 라디오는 항해 선박에서 통신용이나 부자들의 취미 생활로 사용되었지만, 차츰 각종 통신 수단으로 쓰였어요.

1914년 일어난 제1차 세계 대전에서는 군대에서 무선 통신용으로 썼어요. 1916년에는 데이비드 사르노프가 주로 통신용으로 쓰던 무선 수신기를 개량해서 오늘날 라디오의 초기 모델을 만들었어요. 제1차 세계 대전이 끝난 1919년에 미국은 수신기 판매를 위해 본격적으로 라디오 방송을 시작합니다.

1920년대에 라디오를 듣는 소녀
1920년대에 들어서자 라디오는 미국 가정에까지 파고들었어요. 세계 최초의 정규 라디오 방송은 1920년 11월 2일 피츠버그에서 최초의 라디오 방송국인 KDKA 국이 당시 대통령 후보였던 하딩과 콕스의 선거 결과를 방송한 것이랍니다.

라디오의 등장은 어떤 변화를 가져왔나요?

라디오는 방송 미디어들 가운데 가장 먼저 만들어졌어요. 여기서 방송 미디어란 라디오와 텔레비전처럼 전파를 전달 수단으로 하는 매스 미디어를 말해요.

라디오의 등장이 가져온 가장 커다란 변화는 글을 읽지 못하는 사람들도 이용할 수 있는 매스 미디어가 생겼다는 것입니다. 라디오는 신문에 비해 많은 양의 메시지나 정보를 한꺼번에 빠른 속도로 전달해 주었고, 오락성이 더 뛰어나서 인기가 높았어요.

라디오 방송에 대한 대중들의 관심이 높아지면서, 1920년대부터 미국과 유럽에는 방송국이 곳곳에 세워졌어요. 하지만 방송국이 여러 개 생겨나자 주파수가 혼선되는 문제가 생겼지요. 정부는 한정된 전파를 적절하게 배분해 줘야 할 책임을 가지게 되었는데, 이 때문에 방송에 대한 정부의 규제와 간섭이 인쇄 미디어에 비해 강해질 수밖에 없었어요.

1930년대 미국 잡지에 실린 라디오 광고
광고 수입으로 무사히 성장한 라디오는 발전을 거듭하며, 훗날 텔레비전 탄생의 토대가 됩니다.

미디어 소식　　　　　　　　　　　　　　　　　　　　　제10호

미국 방송의 아버지 데이비드 사르노프

데이비드 사르노프는 미국 방송의 아버지라고 불려요. 타이타닉호 침몰과 컬러 텔레비전의 대중화로 이름을 날린 미국의 언론인이지요. 러시아에서 태어난 사르노프는 1900년에 미국으로 이민을 갑니다. 15세 때 아버지가 사망하고 나서, 신문 가판원으로 일하다가 마르코니사에 심부름꾼으로 들어가요.

사르노프는 심부름을 하면서 틈틈이 무선 업무를 배웠고, 도서관과 대학을 찾아다니며 수학과 물리학을 공부합니다. 그러던 중 빙산에 부딪쳐 침몰하는 타이타닉호의 구조 무선 전파를 받아 원고로 정리해 신문사에 알리면서, 이를 계기로 유명 인사가 돼요. 영국 회사였던 마르코니사가 미국의 기업이 되어서 알시에이(RCA)로 바뀌자 사르노프는 사업국장이 되고, 다른 사람들의 반대에도 불구하고 라디오를 전국적으로 보급하는 일을 추진하게 됩니다. RCA는 사르노프 덕분에 권투 중계와 음악 송출, 라디오 기기 제작 판매로 큰돈을 벌어요.

마침내 사장의 자리까지 올라간 사르노프는 텔레비전이라는 새로운 분야에 투자합니다. 그리고 제2차 세계 대전 후 컬러 텔레비전 개발과 보급을 성공시켜 RCA를 세계적인 대기업으로 만들지요. 끊임없는 도전으로 방송 사업을 성공시킨 사르노프는 "전파의 발달은 인간의 진보와 함께 끝없이 이어질 것"이라는 유명한 말을 남겼어요.

데이비드 사르노프

11. 일제 강점기의 언론

그들의 가슴에는 일장기가 아니라 태극기가 있어야 했다!

    1936년 8월 9일, 독일의 수도 베를린에서 제11회 올림픽 마라톤 경기가 열렸어요. 우리나라의 손기정과 남승룡이 선수로 출전했지만, 두 선수의 가슴에는 일장기가 붙어 있었어요. 당시 우리나라가 일본의 식민지 지배를 받았던 때라, 두 선수도 일본 선수의 자격으로 참가했던 것입니다.

    두 선수는 나라 잃은 설움 속에서도 최선을 다했어요. 손기정 선수가 마라톤 세계 신기록을 세우며 1등, 남승룡 선수는 3등을 했죠. 그러나 운동선수라면 누구든 최고로 행복했을 순간에, 시상대에 올라선 두 선수는 고개를 푹 숙인 채 슬픈 표정을 감추지 못하고 있었습니다.

    '올림픽에서 1등을 하면 뭐하나? 자랑스럽게 우리나라의 이름을 내세울 수도 없는데…….'

　우승을 하고도 마냥 기뻐할 수만 없는 현실이 두 선수의 목을 메이게 만들었어요.
　얼마 후, 베를린 올림픽 대회의 기록 영화를 입수한 〈조선 중앙일보〉와 〈동아일보〉의 기자들은 손기정 선수와 남승룡 선수의 모습을 보고 마음이 아팠어요. 그들도 두 선수의 마음을 뼈저리게 알 수 있었어요.
　"두 선수는 일본의 지배하에 고통받는 우리나라 사람들에게 기쁨과 희망을 주었어. 그들의 가슴에는 일장기가 아니라 우리 국기가 있어야 했어!"
　두 선수의 가슴에 자리 잡은 일장기가 눈에 거슬린 기자들은 일장기를 지운 사진을 신문에 실었어요. 또 〈동아일보〉에서 발행하는 월간지 《신가정》은 손기정의 다리 부분만 보이는 사진을 싣고 '이것이 베를린 마라톤의 우승자, 위대한 우리의 아들 손기정의 다리'라는 설명을 붙였어요.
　그러나 이 기사들은 일제를 화나게 만들었어요. 함부로 일장기를 지웠다며 펄펄 뛰었죠. 일본 경찰은 기자들을 체포하고, 〈조선 중앙일보〉, 〈동아일보〉, 《신가정》의 발행을 중지시켰어요.
　'일장기 말소 사건'으로 불리는 이 일로 〈조선 중앙일보〉는 영영 문을 닫게 되었고, 《신가정》은 강제 폐간당했어요. 한동안 발행이 중지되었던 〈동아일보〉는 279일 만에 다시 발행할 수 있게 되었어요. 하지만 이때 〈동아일보〉는 대일본 제국의 언론 기관으로 활동하겠다는 서약을 해야 했답니다.

일제 강점기 때 어떤 신문이 있었나요?

　1910년, 한일병합으로 우리나라는 일본의 식민지가 됩니다. 그러면서 일본은 지식과 정보를 전해 주는 신문부터 폐간시켰어요. 그러다 1919년 전국적으로 일어난 '3·1 운동'을 보고 일본은 성난 우리나라 사람을 달래려는 뜻에서 신문을 내도록 허락합니다. 그래서 1920년에 창간된 3대 일간지가 〈조선일보〉, 〈동아일보〉, 〈시사신문〉이에요. 이중에 〈시사신문〉은 1년이 못 되어서 폐간되고, 1924년에 〈시대일보〉가 새로 창간되지요.

　〈시대일보〉는 〈중외일보〉, 〈중앙일보〉, 〈조선 중앙일보〉로 이름이 바뀌면서 계속 발행되다가, 1936년 '일장기 말소 사건'으로 문을 닫게 됩니다. 일장기 말소 사건으로 일본의 언론 탄압이 심해지자 〈조선일보〉와 〈동아일보〉는 살아남기 위해 일본에 협조하는 모습을 보이기도 했습니다.

손기정 일장기 사건
'일장기 말소 사건'은 일본의 식민 지배를 받던 암울한 시대에 신문의 저항 정신을 보여 준 중요한 사건이에요.

일제에 협조한 신문사가 있었어요

1937년, 일본은 제2차 세계 대전 준비에 광분하고 있었어요.

그런 전쟁을 벌이기 위해 일본은 '황국 신민화 정책'을 실시합니다. 황국 신민화 정책이란 한국인을 일본 천황의 백성으로 만들려는 민족 말살 정책이에요. 그래서 우리말 대신 일본어를 사용하게 했고, 우리 이름을 일본 이름으로 바꿀 것을 강요했어요. 한국인을 일본인으로 만들면, 전쟁을 치르기 위한 물자와 인력을 빼앗아 가는 것이 보다 쉬워지기 때문이죠.

일제는 황국 신민화 정책을 위해 언론 기관을 심하게 압박했어요. 그 결과, 〈조선일보〉는 기사에 일본군을 아군(우리 군대)으로 표기하기 시작했고, 전쟁 자금 마련을 위해 돈을 모으고 일본 천황의 백성으로 자원하여 전쟁에 나가야 한다고 강조했어요. 그럼에도 1940년 일본은 결국 〈조선일보〉와 〈동아일보〉를 강제로 폐간시키고 맙니다. 두 신문이 다시 발행된 것은 우리나라가 해방된 1945년의 일이었어요.

〈조선일보〉 1940년 신년호
일장기를 제호 위에 올리고 일왕 부부 사진을 1면에 실었어요.

미디어 소식 제11호

단파 방송 사건

1926년 11월, 우리나라 최초의 라디오 방송국인 '경성 방송국'이 세워집니다. 비록 일본에 의해서 만들어지기는 했지만, 단파(다른 나라, 다른 대륙까지 도달할 수 있는 전파) 방송을 통해 외국의 뉴스를 접할 수 있었어요. 그런데 일본은 한국인에게 '외국 단파 방송 청취 금지령'을 내려서 단파 방송을 듣지 못하게 했어요. 한국인을 우물 안의 개구리로 만들어서 일본의 뜻에만 따르게 하려는 이유에서였죠. 그러던 어느 날 한국인 직원이 일본 나고야 송신소의 단파를 잡으려고 하다가, 우연히 미국 샌프란시스코 방송국의 단파를 잡게 되었어요. 미국 샌프란시스코 방송국의 〈자유의 종은 운다〉는 프로그램이었지요. 이 방송은 미국 메릴랜드 주립 사범대학 도서관에서 근무하던 유경상 아나운서가 진행하는 한국어 방송이었어요. 단파를 통해 들려오는 애국가와 우리말 방송은 더할 수 없는 반가움을 주었어요. 그 이후 한국인들은 숙직하는 날 밤에 일본인의 눈을 피해 단파 수신기의 불을 켰습니다. 단파 방송을 통해 30분 동안 방송되는 〈자유의 종은 운다〉를 들을 수 있었고, 중국 중경 방송국의 한국어 방송도 들을 수 있었어요.
하지만 불행하게도 일본에게 발각되면서 단파 방송을 몰래 들은 300여 명의 사람들은 체포되었고, 치안 유지법과 국방 보안법, 전파법 위반 등의 혐의로 감옥에 갇히고 말았습니다.

12. 대한민국 정부 수립 후의 언론
하얀 신문이 나왔어요!

　1972년 10월 17일, 박정희 대통령은 전국에 비상 계엄령(사회의 안녕과 질서를 위해서 국가의 모든 일을 군대가 맡아 다스린다고 명령하는 것)을 선포하고, 새 헌법을 만들겠다고 했어요.

　이는 대한민국과 북한의 통일을 위해서라고 했지만, 사실은 자기가 더 오래 대통령을 하기 위해 함부로 고치지 못하는 헌법을 바꾼 것이었어요. 박정희 대통령이 새롭게 발표한 헌법을 '유신 헌법'이라고 합니다. 이 헌법의 핵심은 대통령을 직접 선거가 아닌 간접 선거로 뽑는다는 것과, 여러 부분에서 대통령의 권한을 크게 늘린다는 것이었어요.

　사람들은 박정희 정권이 권력을 독점하려 한다며 불만을 터뜨렸어요. 그러자 박정희 정권은 불만을 잠재우고 언론을 통제하기 위해 각 신문사에 정부 기관 요원을 파견해서 기사를 일일이 검

열하게 했어요.

"대통령 각하를 비판하는 기사는 빼시오."

"대통령 각하의 얼굴이 더 멋있게 나온 사진은 없소?"

간섭이 점점 더 심해지자, 신문사 중 〈동아일보〉의 기자들이 이래서는 안 된다고 생각했어요.

"대통령이 언론을 탄압하는 나라를 어떻게 민주주의 국가라 할 수 있을까? 우리가 먼저 언론의 자유를 찾아야 해!"

1974년 10월 24일, 〈동아일보〉 기자들은 외부의 간섭을 거부하고, 정보 요원들이 신문사에 들어오는 것을 거부하며, 언론인들이 불법으로 연행되는 것을 거부한다는 내용으로 '자유 언론 실천 선언'을 발표했어요. 이 선언은 바로 〈조선일보〉와 〈한국일보〉를 비롯한 여러 신문, 방송, 통신사의 지지를 받는 운동으로 번졌습니다.

박정희 정권은 자유 언론 실천 운동에 앞장서는 〈동아일보〉가 무척 괘씸했어요. 그래서 동아일보에 광고를 주지 말라고 여러 기업들에게 압력을 가했지요. 〈동아일보〉에 광고를 주던 기업들이 손을 떼자, 급기야 광고로 채워야 할 지면이 하얗게 빈 채로 신문이 나왔어요. 신문사는 광고 면을 팔아야 신문을 만들 수 있는 자금을 얻을 수 있기에, 〈동아일보〉는 경제적으로 무척 어려운 상황에 놓였지요. 그런데 놀라운 일이 일어나기 시작했어요.

"1년 동안 돼지저금통에 모은 돈을 보냅니다."

"동아! 너마저 무릎 꿇는다면 이민 갈 거야."

〈동아일보〉를 아끼던 독자들이 자신의 의견을 담은 광고를 실어 달라며 돈을 보내온 거예요. 기업의 상품을 알리는 광고가 실리던 자리에 독자들의 의견 광고가 실리게 되었죠.

독자들의 이런 성원이 있었지만, 〈동아일보〉의 사장과 간부들은 정부의 압력에 굴복해서 1975년에 '자유 언론 실천 운동'을 벌였던 기자 113명을 해고했어요. 〈조선일보〉의 경영진 또한 언론의 자유를 외쳤던 기자 70여 명을 해고해 버리고 맙니다.

'자유 언론 실천 선언'이 뭐예요?

유신 헌법으로 헌법을 고쳐 가면서 또 다시 권력을 잡은 박정희 정권은 철저히 언론을 감시하고 통제했어요. 그러자 양심적인 기자들은 언론의 자유를 위해서 힘을 합쳐야 한다고 생각했어요.

〈동아일보〉 기자들이 중심이 되어서 "외부 압력에 굴하지 않고 사실 보도에 충실하자."는 '자유 언론 실천'을 선언하게 됩니다. 신문·방송·잡지에 대한 어떠한 외부 간섭도 일치단결하여 물리치고, 언론사에 정부 기관 요원이 출입하지 못하게 하고, 언론인이 정부에 비판적인 기사를 실었다고 경찰서로 끌고 가는 일을 거부한다는 내용의 선언이었어요.

'자유 언론 실천 선언'을 통해 시작된 '자유 언론 실천 운동'은 정부의 강력한 탄압 때문에 곧 막을 내렸지만, 민주 사회의 기본적인 요건인 언론의 자유는 어떠한 구실로도 억압될 수 없고 어느 누구도 간섭할 수 없다는 중요한 사실을 일깨워 주었습니다.

자유 언론 실천 선언
1974년 10월 24일, 〈동아일보〉 기자들이 중심이 되어 언론의 자유와 독립을 주장했어요.

해직 기자들은 어떤 어려움에 처했나요?

'자유 언론 실천 운동'을 벌이다 일터인 신문사에서 쫓겨난 기자들을 해직 기자라고 불러요. 해직 기자들은 계속되는 정부의 압력 때문에 다른 직장에 취직할 수도 없었습니다. 해직 기자들은 생계를 위해서 그동안 전혀 해 보지 않은 일들을 하며 고생할 수밖에 없었습니다.

해직 기자들 중 몇몇은 출판을 통해 대안 언론 활동을 펼쳤어요. 언론의 자유를 위한 지속적인 활동을 위해서는 사무실도 마련해야 했고, 활동비도 있어야 했고, 구속된 동료들의 뒷바라지 비용도 필요했습니다. 해직 기자들은 기금 마련을 위해서 외국 도서를 번역한 책을 출판하고 판매하기도 했어요. 출판한 책을 직접 거리에 나가 판매할 정도로 고생했지만 어렵사리 자리를 잡을 수 있었지요. 이후 해직 기자들은 민주화를 위한 출판 활동에 열중하게 됩니다.

해직 전 날 〈동아일보〉 편집부
해직 전 날, 농성 중인 기자들이 시노트 신부에게 회사로부터 쫓겨나도 우리는 자유 언론을 위해 신명을 바친다는 내용의 양심 선언을 전달하는 모습이에요. 시노트 신부는 1970년대에 인권 운동과 도시 빈민 구제에 앞장섰던 분입니다.

미디어 소식 　　　　　　　　　　　　　　　　　　　　　제12호

최초의 방송 탄압, 앵무새 사건

1964년에 3월, 박정희 정권이 '한일 협정'을 통해 우리나라와 일본 간에 국교 관계를 맺는다고 발표하자, 전국적으로 반대 시위가 일어났어요. 과거 식민 지배에 대한 정확한 사과도 받지 못한데다가 어업을 비롯한 여러 부문에서 우리나라가 손해를 보는 상황인데도 정부에서 일본과 국교를 맺는다고 나오니 국민들의 실망이 이만저만이 아니었어요.

국민들이 반대하는데도 박정희 정권이 계속 한일 협정을 추진하자, 6월 3일에 1만여 명의 학생과 시민들이 청와대 근처까지 가서 격렬한 시위를 벌였어요. 박정희 정권은 시위를 진압하기 위해서 서울시 전역에 비상계엄을 선포하고, 군대를 출동시켰어요. 이를 '6·3 사태'라고 합니다.

그리고 이 6·3 사태가 일어난 다음 날, 정부는 동아방송에 군인을 보내서 동아방송의 임원들과 프로그램 〈앵무새〉를 만든 직원들을 반공법, 특별범죄 처벌법 등을 어긴 혐의로 끌고 갔어요. 〈앵무새〉는 5분 동안 시사적인 내용을 가볍게 다루는 프로그램이었는데, 정부를 비판하는 내용을 자주 방송했습니다. 정부는 동아방송의 〈앵무새〉가 6·3 사태를 선동했다며 방송인들을 잡아간 것이죠. 이때 구속된 방송인들은 5년 동안의 재판 끝에 무죄를 선고받았지만, 여러 번 재판을 받는 동안 심한 고통을 겪어야 했어요.

6월 3일, 한일 협정을 반대하는 국민의 시위가 벌어졌어요.

13. 언론과 민주주의
말 잘 듣는 곳만 남기고 모두 헤쳐 모여!

    1979년 10월 26일, 박정희 대통령이 저격당해 그 자리에서 숨지는 사건이 일어났어요. 계엄령이 내려진 가운데 헌법에 따라 최규하 국무총리가 임시로 대통령직을 맡게 되었고, 두 달 뒤 정식으로 제10대 대통령 자리에 올랐어요.

    그런데 그 다음 해인 1980년 5월, 당시 군부의 세력을 잡고 있던 전두환 소장이 군인 동료들과 손을 잡고 쿠데타(무력으로 정권을 빼앗는 일)를 일으켜요. 그러자, 전국에서 또다시 군인 정권이 들어서는 것을 반대하는 시위가 일어나고 민주화를 요구하는 목소리가 높아졌어요. 전두환 정권은 빨리 국민을 자신의 편으로 만들고 싶었어요.

    "우리 새 정권에 대한 반감을 없애기 위해, 언론이 정권에 대한 비판을 하지 못하도록 관리하는 것이 필요해."

"언론 기관이 쓸데없이 많다 보면 언론사가 부실하기 쉽고, 불건전한 언론이 늘어날 수 있으니까 정리하는 것이 좋겠어."

1980년 11월 15일, 전두환 정권은 각 언론사 사장들로부터 정권의 뜻에 모두 따른다는 각서를 강제로 받아 냈어요. 그리고 개인의 이익보다는 공공의 이익을 추구하는 건전한 언론을 만든다는 이유를 내세워 '언론 통폐합'을 발표합니다.

언론 통폐합 결과, 한국방송공사(KBS)는 동양방송, 동아방송, 전일방송, 서해방송, 한국 FM과 합쳐져 대한민국 최대의 언론 기관이 되었어요. 동양방송과 〈중앙일보〉, 동아방송과 〈동아일보〉는 원래 한 회사였는데, 이때부터 방송과 신문의 겸업이 사라지게 되었어요.

민주화 운동에 기여해 왔다는 평가를 받아 왔던 기독교 방송은 보도 기능을 잃고 선교 방송만을 전담하게 되었어요.

〈신아일보〉와 〈서울경제신문〉, 〈내외경제신문〉은 없어졌고, 지방 신문은 각 시·도 내에 1개 신문사만 둔다는 원칙 아래 통폐합되었어요. 또 통신사도 합동통신, 동양통신이 해체되고 통합되어 연합통신이 만들어졌습니다.

결국 언론 통폐합이 끝나자, 전두환 정권은 무려 2,000여 명이나 되는 기자들을 해고할 수 있었어요. 또한, 새 정권에 협조하지 않으면 이런 일이 또 일어날 수 있으리라는 두려움을 주는 데 성공했지요. 이로써, 전두환 정권은 언론의 충성심을 이끌어 낼 수 있게 되었습니다.

한편, 정권에 적극적으로 협조한 언론사들은 엄청난 특혜를 받아 빠르게 성장하지요.

'보도 지침 폭로 사건'이 뭐죠?

보도 지침은 신문사나 방송사가 보도를 할 때 '어떤 내용을 이러저러하게 보도하라는 지시'를 담은 것입니다. 전두환 정권은 각 언론사에 매일 '보도 지침'을 내려 보냈어요. 결국 정부가 언론을 만드는 일까지 관여한 셈이지요.

이 보도 지침에는 정부에 대한 비판을 금지하며 대통령 소식은 크게 보도하고 야당 소식은 작게 보도하라는 것 같은 구체적인 지시 사항이 적혀 있었어요.

보도 지침을 참을 수 없었던《한국일보》의 김주언 기자는 해직 기자들이 만든《말》이란 시사 잡지에 보도 지침에 관한 자료를 넘겨주었어요. 1986년《말》지 9월호는 보도 지침을 폭로하여 세상에 충격을 주었습니다.

김주언 기자를 비롯한《말》지의 기자들은 국가 보안법 위반 및 국가 모독죄로 구속되어서 고생하다가, 8년이 흐른 1994년이 되어서야 무죄 판결을 받을 수 있었어요.

문화공보위원회 언론 청문회
1988년 12월 12일, 국회 문화공보위원회가 언론 청문회를 열고 보도 지침에 관련한 증언을 듣고 있어요.

'땡전 뉴스'가 뭐예요?

제5공화국으로 불리는 전두환 정권의 언론 통제를 비꼬는 표현 중에 '땡전 뉴스'가 있습니다. 땡전 뉴스란 저녁 9시 뉴스가 방송될 때, 9시 시보가 땡하고 울린 다음 바로 '오늘 전두환 대통령이 무엇무엇을 했다.' 라는 뉴스가 나온 데에서 나온 말이에요.

원래 방송에서 가장 먼저 나오는 톱뉴스는 그날의 가장 중요한 뉴스여야 합니다. 그런데, 전두환 정권 시절에는 대통령의 일정이 어느 뉴스보다 중요하게 다뤄졌어요.

당시 전국 방송으로는 한국방송공사(KBS)와 문화방송(MBC)만 있었는데, 두 방송사에는 대통령 영상만 취급하는 전용 편집실이 있었고, 방송사끼리 대통령에 관한 뉴스를 더 많이 다루기 위해 경쟁을 벌이기까지 했습니다. 심한 경우에는 뉴스 시간 총 45분 가운데 30분을 땡전 뉴스가 차지하는 경우도 있었어요.

전두환 대통령 귀국
1982년 9월 1일, 아프리카 순방을 마치고 귀국한 전두환 대통령이 무개차를 타고 달리고 있어요. 이렇듯 외국 순방이라도 마치고 돌아오면 길을 막고 화려한 시가 행진을 벌였죠. 방송국 또한 이런 모습을 오랫동안 방송하곤 했습니다.

미디어 소식　　　　　　　　　　　　　　　　　　　제13호

시민의 언론 운동 '시청료 거부 운동'

'땡전 뉴스'로 언론에 문제를 느낀 시민들은 1985년 총선거 때 한국방송공사(KBS)가 여당 후보에게만 유리한 보도를 하자 더 이상 참을 수가 없었어요. 게다가 '보도 지침 폭로 사건'까지 터지자 과연 언론이 제 역할을 하는지 의심스러워진 시민들은 언론에 대해 강력하게 항의하는 방법으로 '시청료 거부 운동'을 선택했어요. 텔레비전 소유자라면 무조건 내야 하는 시청료를 내지 않기로 한 거예요.

1980년 12월부터 한국방송공사가 상업 광고 방송을 시작한 것도 시청료 거부 운동의 중요한 이유가 되었어요. 광고 시간을 팔아 수입이 있는데, 또 시청료까지 받는다는 것이 부당하게 느껴졌기 때문입니다. 여러 사회 운동 단체, 여성 단체, 종교 단체 들이 중심이 된 '시청료 거부 운동'은 전국적으로 퍼져 갔어요. 많은 사람들이 언론의 자유 없이 우리 사회의 민주화를 이루기 힘들고, 언론의 자유를 위해 힘을 보태야 한다고 생각했어요.

그 결과, 한국방송공사만 지원하던 시청료의 쓰임새가 방송 발전을 위해 두루 나눠 쓸 수 있는 '수신료'로 바뀌었어요. 그리고 무엇보다 중요한 성과는 이 시청료 거부 운동이 조직적으로 이루어진 최초의 시민 운동이 되었다는 거예요.

시청료 거부 운동으로 참여 의식이 높아진 시민은 그 뒤로도 우리나라의 민주주의 발전을 위해 직접 힘을 보태게 됩니다.

당시 시청료 거부 운동에 쓰인 스티커

14. 미디어와 정치 선전

거짓말을 백 번 하면 결국 믿게 된다

제1차 세계 대전이 끝났을 때, 유럽의 독일은 패전국이 되었어요. 전쟁에서 진데다가 막대한 전쟁 배상금을 지불해야 해서 살기가 몹시 힘들어졌지요. 독일인들은 지치고 불만에 찼어요.

이때, 아돌프 히틀러라는 사람이 그런 독일인의 심리를 이용해 독일인이야말로 세상에서 가장 위대하며, 앞으로 독일을 강한 국가로 만들 것이라는 연설로 군중의 마음을 사로잡았어요. 급기야 1933년에는 독일 수상이 되었지요. 그는 자기 뜻대로 나라를 움직이기 위해서는 계속 대중의 마음을 사로잡아야 한다고 생각했어요. 마침 히틀러의 곁에는 괴벨스와 슈페어라는 능력 있는 선전가들이 있었어요. 괴벨스는 어렸을 때부터 뛰어난 말솜씨로 유명한 연설가였고, 슈페어는 건축을 선전물로 이용할 줄 아는 건축 전문가였어요.

"대중은 거짓말을 처음에는 믿지 않고 의심하지만 계속 되풀이 하면 결국에는 믿게 된다."

"언론은 정부가 연주하는 피아노가 되어야 한다!"

언론에 대해서 이런 생각을 가지고 있던 괴벨스는 타고난 말솜씨로 대중을 선동했습니다. 괴벨스는 매일 저녁 7시 라디오 뉴스를 통해 히틀러 소식을 전하고, 히틀러와 맞서는 반대파 의원에 대한 거짓말을 퍼뜨렸어요. 그의 말솜씨가 어찌나 뛰어나던지 다음 선거에서 이길 수 있었어요. 라디오의 정치 선전 덕을 본 괴벨스는 국가 보조금을 사용해서 독일인 대부분이 라디오를 가질 수 있도록, 라디오 가격을 세계 최저 수준으로 끌어내렸습니다.

한편, 슈페어는 건물로 선전할 방법을 생각해 냈어요.

"대중이 히틀러 각하와 나치스(히틀러가 이끈 독일의 파시스트당)의 위대함을 확실하게 느끼도록 웅장한 대회장을 만들겠어!"

슈페어는 나치스 대회가 열릴 때마다 대회장을 예술품처럼 근사하게 세웠고, 밝은 조명과 성능 좋은 마이크를 사용해서 히틀러의 모습과 말에 대중들이 집중하게 만들었어요. 그 넓고 웅장한 대회장을 호령하는 히틀러를 보면서 군중들은 독일이 세계 최고의 나라가 되리라고 믿었죠.

히틀러와 나치스는 이외에도 영화와 포스터, 음악을 정치 선전에 이용해서 대중들의 지지를 이끌어 냈습니다. 그리고 그 지지를 바탕으로 제2차 세계 대전이라는 엄청난 비극을 일으키지요.

히틀러와 나치스가 궁금해요

히틀러는 1933년부터 1945년까지 독일을 지배한 독재자입니다. 나치스는 국가사회주의 독일노동당으로 히틀러가 중심이 되어서 만든 정당이에요.

히틀러와 나치스는 게르만 민족주의와 반유대주의를 앞세워 독일의 정권을 잡습니다. 독일의 경제 상황이 좋지 못한 것을 유대 인 탓으로 돌렸고, 게르만 민족인 독일인은 다른 민족보다 우수하기 때문에 유대 인처럼 열등한 민족을 지배하는 것이 당연하다는 억지 논리를 폈지요.

히틀러의 계속되는 선전에 독일인들은 정말 독일인이 제일 위대한 민족인 것 같았고, 히틀러가 말하는 대로 따르면 온 유럽을 지배하는 강국이 될 것 같았어요. 그렇게 권력을 얻은 히틀러와 나치스는 유대 인을 비롯한 다른 민족 사람들을 집단 수용소에 가둬 죽이고, 세계 지배를 위해 제2차 세계 대전까지 일으킵니다.

하지만 제2차 세계 대전에서 독일이 패할 것이 확실해지자, 히틀러는 자살로 생을 마감했으며, 나치스도 역사 속으로 사라지게 됩니다.

나치스 전당 대회

'정치 선전'이 뭐예요?

'선전'은 글이나 말 또는 여러 방법을 사용하여 전하고 싶은 내용을 여러 사람들에게 잘 설명하여 널리 알리는 일을 말합니다. 우리가 텔레비전이나 신문에서 보는 제품 선전도 그런 것 중 하나이죠. 따라서 '정치 선전'이란 정권을 얻고 유지하기 위해, 정권에 유리한 내용을 선전하고 사람들이 정권에 뜻에 따라 움직이게 만드는 일이라고 할 수 있습니다.

그런데 권력자들은 종종 자신의 권력을 다지기 위해 민족이나 국가에 대한 과도한 애국심과 충성심, 민족주의를 높이는 정치 선전을 하곤 하지요.

히틀러와 나치스의 예에서 볼 수 있는 것처럼 정치 선전은 위험한 결과를 가져올 수 있어요. 히틀러와 나치스가 정권을 유지하기 위해서 민족주의를 강조하고 유대 인 탄압을 정당화한 것도 바로 정치 선전의 일부였습니다.

파울 괴벨스
히틀러의 열렬한 추종자였던 괴벨스는 정치 선전으로 독일 대중을 완전히 통제했어요. 그의 뛰어난 연설에 휘말린 독일인들은 전쟁이 독일의 패배로 끝나기 며칠 전까지도 독일이 승리하고 있다고 믿었대요. 괴벨스 역시 히틀러가 자살한 다음 날 독약을 마시고 죽었다고 해요.

미디어 소식 제14호

정치 커뮤니케이션

'정치 선전'은 '정치 커뮤니케이션'의 한 형태라고 볼 수 있어요. 하지만 정치 선전은 정권이 원하는 방향으로 국민들을 유도하는 바람직하지 못한 행위라면, 정치 커뮤니케이션은 정치에 대해 서로의 생각과 정보를 주고받는 모든 행위와 과정을 통틀어 말하는 것입니다.

정치 커뮤니케이션은 국회에서의 국회 의원들의 활동, 선거 때 텔레비전 방송, 정치 포스터와 연설, 정부의 기자 회견 같은 정치권의 활동뿐만 아니라, 정치에 대한 일반 사람들의 요구도 포함돼요. 시민들의 집회와 시위, 인터넷을 통해 이루어지는 일반인들의 정치적인 토론도 정치 커뮤니케이션의 한 모습이지요.

정치 커뮤니케이션은 주로 매스 미디어를 이용해서 이루어집니다. 오래전에는 광고용 전단이나 소책자, 신문, 잡지 같은 인쇄 미디어가 주로 사용되었다면, 요즘에는 전화와 라디오를 비롯하여 텔레비전, 인터넷이 널리 활용되고 있어요. 현수막, 야외 광고물, 광고용 티셔츠, 광고풍선 같은 전시물과 연극이나 영화, 전시회와 음악회 같은 행사도 정치 커뮤니케이션에 이용됩니다.

2008년 여름, 개인의 정치적 의사를 밝히기 위해 내건 현수막

15. 미디어와 정치
왕을 만드는 텔레비전의 힘

　1960년 9월 26일, 미국 시카고의 한 방송 센터에서 세계 처음으로 대통령 후보 텔레비전 토론이 열렸습니다. 당시 미국 대통령 후보로 출마한 후보는 공화당의 리처드 닉슨과 민주당의 존 F. 케네디였어요. 처음 대통령 후보가 발표되자, 많은 사람들이 닉슨이 대통령이 될 거라고 생각했어요. 닉슨이 이미 8년 동안 젊은 나이에 부통령을 역임하며 승승장구하고 있었으니까요.
　케네디도 제2차 세계 대전의 전쟁 영웅이자 인기 있는 상원 의원이었지만, 워낙 닉슨의 인기가 높았어요. 하지만 케네디 측은 불리한 상황을 유리하게 바꾸는 좋은 방법을 찾았어요.
　"당신은 젊고 지적인 외모를 가진데다가 재치가 있으니 텔레비전을 통해 강한 인상을 남기는 게 좋겠어요."
　케네디는 주변 사람들의 조언을 받아들여 닉슨에게 텔레비전 토론을 제안했어요. 말을 잘하는 웅변가로 이름난 닉슨은 토론에 자신이 있었기 때문에 기꺼이 제안을 받아들였습니다.

그런데 텔레비전 토론이 시작되고 나자 상황이 케네디에 유리하게 변해 갔어요.

"어? 몇 살 차이도 나지 않는데, 닉슨이 케네디보다 훨씬 늙고 힘없어 보이네."

"케네디의 건강하고 매력적인 모습이 호감이 가는군."

이성보다 이미지와 감성에 호소하는 텔레비전의 특징을 잘 파악한 케네디는 방송국 스튜디오의 배경을 고려하여 양복 색깔을 정하고 얼굴에 분장을 했어요. 그리고 카메라에 늘 정면 얼굴이 비춰지도록 해서 자신감 넘치는 좋은 인상을 남겼어요. 반면 연일 선거 운동을 하느라 지친 닉슨은 소극적인 인상을 주었지요.

텔레비전 토론은 순식간에 케네디와 닉슨의 지지율을 뒤바꾸어 놓았어요. 총 4번의 텔레비전 토론 끝에 케네디는 커다란 지지를 얻을 수 있게 되었고 결국 케네디는 대통령 선거에서 승리하게 되었어요.

그 뒤에도 로널드 레이건과 빌 클린턴 등이 텔레비전 토론을 잘 활용하여 미국 대통령이 되었어요. 텔레비전 토론은 대통령을 만드는 존재라는 뜻에서 '킹 메이커'라는 별명이 붙었어요.

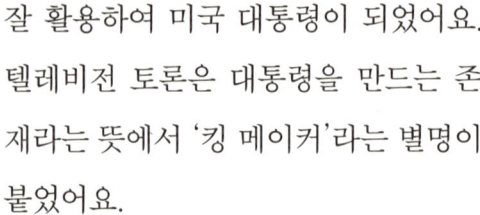

텔레비전은 정치에 어떤 영향을 주나요?

케네디의 예에서 볼 수 있듯이 텔레비전은 사람의 외모를 더욱 강하게 부각시켜 줄 수 있어요. 아무리 좋은 연설을 해도 밝고 활기차며 매력적인 용모를 가진 사람 쪽이 더 좋은 느낌을 주지요. 실제로 닉슨과 케네디의 토론을 라디오로 들은 사람은 토론의 명수인 닉슨 쪽을 더 좋게 여겼다고 해요. 하지만 텔레비전으로 토론을 본 사람들은 케네디의 외모에 더 호감을 느꼈어요.

그러다 보니 선거를 할 때, 정치인의 능력보다는 텔레비전에 비치는 정치인의 외모와 말솜씨가 더 중요한 판단 기준이 되었습니다. 또, 텔레비전에서 보여 주는 것이 그 사람의 전부인 양 착각하는 문제도 생겼어요. 하지만 텔레비전이 집집마다 놓이면서, 텔레비전은 정치에 대한 정보를 전달하는 가장 영향력이 큰 미디어가 되었어요. 자연히 정치인들도 텔레비전을 통해 유권자들에게 좋은 이미지를 전달하기 위한 방법을 고민하게 되었지요.

리처드 닉슨(왼쪽)과 존 F. 케네디

텔레비전은 중립을 지켜야 한다?

텔레비전은 영향력이 매우 큽니다. 한 달에 한 권씩 책을 읽는 사람은 드물어도, 하루에 한 시간 이상 텔레비전을 보는 사람은 아주 흔하지요. 그런 만큼, 사람들은 텔레비전에서 전하는 정보를 수시로 보고 듣게 됩니다.

그런데 텔레비전은 여러 가지 편집과 연출을 통해서 사실을 전혀 다르게 보일 수 있도록 조종할 수 있어요. 그러다 보니 유권자의 결정에도 큰 영향을 미칠 수 있지요.

그래서 대부분의 나라에서는 기본적인 원칙을 정해서 정치 보도를 하고 있습니다. 그것은 바로 '형평성'이지요. 방송을 할 때 한쪽에 유리하거나 불리한 내용을 더 많이 다루지 않도록 중립을 지키고, 양쪽의 주장을 균형 있게 다루는 것이지요. 각 후보들이 연설하거나 토론할 때, 정해진 시간 안에 발언해야 하는 것도 형평성 때문에 정해진 규칙입니다.

2009년 미국 대통령 후보 버락 오바마와 존 매케인 텔레비전 토론 모습

미디어 소식   제15호

미디어를 장악한 이탈리아의 총리

실비오 베를루스코니는 2011년 11월 재정 위기에 책임을 지고 총리직에서 물러났지만, 1994년과 2001년에 이어 2008년까지 세 번씩이나 이탈리아의 총리가 되었습니다. 베를루스코니는 첫 번째 총리가 되었을 때 부정부패 사실이 밝혀져 9개월 만에 총리를 그만두어야 했고, 두 번째 총리가 될 때에도 탈세, 불법 정치 자금 운영, 뇌물 수수 같은 문제들이 드러나서 많은 비판을 받았어요. 그런데도 세 번째로 총리에 당선될 수 있었던 것은, 그가 미디어를 자신에게 유리하도록 이용했기 때문이에요.

건설업으로 큰돈을 번 베를루스코니는 미디어 쪽으로 사업을 확장해서 민영 방송사와 인터넷 회사를 비롯하여 출판사, 영화사, 프로 축구단 등을 소유한 이탈리아 최고의 미디어 재벌입니다. 베를루스코니는 자신이 소유한 텔레비전 방송을 통해 자기 당과 자신을 홍보하며 선거 운동을 펼쳤고, 총리가 된 후에는 정부 정책을 적극적으로 홍보했어요.

그리고 베를루스코니와 그 측근들의 비리와 범죄를 밝히려고 하는 담당 검사를 좌파, 빨갱이로 몰아 검찰 조사를 중단하게 하고, 자신에게 협조하지 않고 비판하는 정치인과 언론인에 대한 헛소문을 퍼뜨려 곤란에 빠뜨리는 데도 자신이 소유한 미디어를 이용했어요.

이탈리아의 미디어를 장악한 베를루스코니는 매스 미디어를 통해 이탈리아 인들의 눈과 귀를 통제하게 된 것입니다.

16. 미디어와 전쟁

전쟁을 끝내게 한 텔레비전의 힘

　1961년, 미국의 케네디 대통령은 베트남에 대규모 군대를 보내기로 합니다. 인도차이나 반도에 자리 잡은 베트남은 오랫동안 프랑스의 식민지로 고통받다가 제2차 세계 대전이 끝나면서 독립할 수 있었어요. 그런데 이곳에 공산당 정권이 들어서자 미국에서 이를 경계했어요. 베트남이 사회주의 국가가 되면 그 주변 나라도 공산화되고, 나아가 아시아 전체에 영향을 줄지도 모른다고 생각한 거예요. 결국 여러 복잡한 갈등 끝에 베트남에서 전쟁이 벌어지게 됩니다.

　베트남 전쟁은 미국에 텔레비전이 대중화되고 나서 처음으로 일어난 대규모 전쟁입니다. 그래서 끔찍한 전쟁을 텔레비전 화면으로 보게 된 사람들은 엄청난 충격을 받았어요.

　"전투기에서 비처럼 쏟아지는 폭탄이 무서워! 길거리에 널려 있는 시체 더미가 끔찍해! 불타서 폐허가 된 마을은 어떻고!"

눈앞에 생생하게 들이닥친 전쟁터의 모습은 모두를 경악시키기에 충분했어요. 특히 1963년 가을, 베트남에 압력을 가하며 전쟁을 벌이는 미국과, 불교를 탄압하는 남베트남 정부에 항의하는 뜻에서 티치 꽝 둑이란 스님이 분신(자기 몸을 스스로 불살라 공양하는 것)을 합니다. 그 모습을 텔레비전을 통해 지켜본 사람들은 큰 충격을 받았어요.

"우리 미군이 뭘 그렇게 잘못했기에, 스님이 자결하면서까지 이 전쟁에 대해서 항의하는 거지?"

미국인들은 미군이 민주주의와 자유를 위해 베트남에 가서 싸운다고 믿었어요. 하지만 텔레비전을 통해 전쟁의 처참한 상황들을 직접 보게 되자, 과연 이런 참혹한 상황을 일으키면서까지 전쟁을 벌여

야 할까 심각하게 고민하기 시작했어요. 곧 대대적인 반전 운동이 시작되었고, 이는 곧 흑인 인권 운동으로까지 확대되었어요.

"오랫동안 사회에서 차별받아 온 가난한 흑인들을 위한 복지 정책이 부족합니다. 그런데 시민들의 귀중한 세금이 전쟁터에서 사람들을 죽이는 데 쓰이고 있습니다. 뚜렷한 명분 없이 우리 병사들이 죽어 가는 것을 더 이상 지켜볼 수 없습니다."

반전 평화와 흑인 인권 운동은 점점 거세어져서 급기야 시위대와 경찰들이 곳곳에서 충돌했어요. 또한 '미라이 학살 사건' 같은 미군의 잔혹한 행위가 드러나게 되자 국제 사회에서도 미국을 비난하는 여론이 높아졌고요. 결국 미국은 10년 넘게 전쟁을 벌인 베트남에서 두 손을 들고 떠날 수밖에 없었습니다.

'베트남 전쟁'은 왜 일어났나요?

　오래전부터 베트남은 중국 같은 여러 힘센 주변 나라들의 침입에 자주 시달려 왔어요. 1883년에는 프랑스의 식민지가 되었고, 1945년에는 잠시 일본의 지배를 받다가 제2차 세계 대전이 끝나면서 독립하게 됩니다. 그런데 프랑스가 베트남을 다시 식민지로 삼겠다고 나서자 베트남 사람들은 전쟁을 선택합니다. 베트남은 9년 동안 끈질기게 저항했어요. 이 저항 운동을 이끈 베트남의 공산주의자들은 베트남 국민들에게 큰 지지를 받았어요.

　1954년, 드디어 베트남이 프랑스와 휴전 협정을 하고 총선거로 독립 정부를 세우게 되었어요. 그러자 미국은 걱정이 되었어요. 아시아로 들어서는 길목에 자리 잡은 베트남에 공산주의 정권이 들어서면, 자본주의 국가인 미국의 영향력이 약해질 것 같았지요.

　당시 미국에는 공산주의를 반대하는 여론이 강해서, 민주주의와 자유를 위해 베트남을 공격해야 한다는 정부의 결정에 찬성하는 사람이 많았어요. 1964년 8월, 미국은 베트남을 공격하였고, 이로써 본격적인 '베트남 전쟁'이 시작되었어요.

베트남 독립 운동의 주역, 호찌민

전쟁 보도는 진실을 가릴 수도 있다

베트남 전쟁은 텔레비전 전쟁으로 불릴 만큼 텔레비전의 영향력이 컸던 전쟁이었어요. 텔레비전을 통해 전쟁 보도를 본 미국 국민들이 전쟁을 반대하게 되었고, 결국 미군은 베트남에서 철수해야 했으니까요.

베트남 전쟁에서 패배한 미국 정부는 전쟁에서 승리하기 위해서는 정보 통제(마음대로 못하게 제한함)가 필요하다는 것을 깨달았어요. 그래서 미국은 베트남 전쟁 이후에 벌어진 '걸프전'과 '이라크전'에서는 군인들의 사기가 떨어지는 것을 막고 전쟁에 대한 사람들의 지지를 얻기 위해서 철저하게 정보를 통제했어요.

정부는 공익을 위해서 정보를 통제하기도 하지만 자신들의 잘못을 감추거나 정치 선전을 위해서도 정보를 통제할 수 있어요. 그렇기 때문에, 국가 정부를 올바르게 판단할 수 있도록, 국민들 또한 꾸준히 관심을 갖고 스스로 생각하며 선택해야 합니다.

전쟁을 멈추게 한 사진
미군이 퍼부은 폭탄에 마을 사람들이 비명을 지르며 뛰쳐 나오고 있습니다. 가운데 여자 아이는 폭탄 때문에 옷에 불이 붙어 옷을 벗어 던졌어요.

미디어 소식   제16호

반공 광풍 '매카시즘'

1950년 2월, 미국의 조셉 매카시 상원 의원이 국무부 안에 공산주의자 205명이 있다는 충격적인 주장을 합니다. 당시 미국은 제2차 세계 대전을 겪으면서 공산주의 국가인 소련과 적대적인 관계였어요. 자본주의 국가인 미국은 공산주의에 반대하는 반공주의의 선두에 섰지요. 그런 터에 매카시의 주장은 즉시 큰 관심을 모았어요.

언론은 매카시의 주장을 그대로 보도했어요. 곧 반공을 외치는 여론이 만들어지고, 사회 곳곳에서 공산주의자를 찾아내는 작업이 벌어졌어요. 수천 명의 사람들이 공산주의자로 몰려서 직장을 잃었고 비난을 받았어요. 심지어 로젠베르그 부부는 소련에 원자 폭탄에 관한 정보를 넘겨주었다는 죄목으로 사형을 당하기까지 했어요. 한참 뒤에 로젠베르그 부부 중 남편이 소련의 간첩이라는 사실이 밝혀졌지만, 원자 폭탄에 관한 것은 거짓으로 판명 났어요.

누가 공산주의자일까 의심하고 고발하며 잘못된 판결로 누명을 쓰는 상황은 사회에 공포 분위기를 만들었습니다. 언론에서 매카시를 비판하고, 매카시 때문에 피해를 입은 사람들의 기사를 다루긴 했지만, 잘못된 여론은 쉽게 바뀌지 않았어요. '매카시즘'은 매카시 상원의원의 이름에서 나온 말로, 여론을 이용하여 반공주의를 선전하고 정권에 비판적인 사람을 공산주의자로 몰아서 처벌하려는 행위를 뜻해요. 분단국가인 우리나라에서도 '매카시즘'을 닮은 여론몰이 현상이 끊이지 않아 안타까움을 주고 있습니다.

조셉 매카시 상원 의원

17. 언론의 책임과 양심
숨겨진 진실은 언젠가는 드러난다

　베트남 전쟁이 한창이던 1968년 3월 16일, 윌리엄 캘리 중위가 병사들을 이끌고 베트남 미라이 마을로 향했습니다. 그들은 베트콩(베트남 공산주의 군대를 일컫는 말)이 마을에 숨어 있다는 소식을 듣고 마을을 공격하기로 했습니다. 약 열흘 전, 같은 부대원들이 지뢰를 밟아 6명이 죽고 12명이 다쳤던 터라, 그들의 분노는 컸습니다. 작고 조용한 마을에 도착한 미군들은 공격을 준비했습니다.
　"베트콩 때문에 죽은 우리 전우들의 복수를 시작한다! 죽은 것과 백인이 아닌 것은 모두 베트콩이라고 생각해!"
　그런데 막상 마을에 쳐들어가고 보니 마을 안에는 대부분 힘없는 어린이와 노인, 부녀자 들만 있었어요. 하지만 미군 병사들은 이들을 무자비하게 공격했어요. 결국 400여 명이 넘는 민간인들이 집 밖으로 끌려나와 처참한 죽임을 당하고 맙니다. 뒤늦게 도착한 다른 미군들이 상황을 보고 말릴 때까지 말이지요.

이 사건은 분명 도덕적으로, 윤리적으로 그릇된 일이었지만 3년 동안이나 없었던 일로 묻혀 있었어요. 그러던 중 미라이 학살 당시 현장에 있었던 미군 병사가 국회 의원들에게 이 사건에 관한 편지를 보내면서 드러나기 시작했어요.

미국 정치권과 군부는 이 사건이 밝혀지면 베트남 전쟁을 반대하는 여론이 커질 것이 분명했기 때문에 사실을 숨기려고 했어요. 하지만 한 젊은 기자가 사건을 조사했어요.

"민간인 학살 사건에 대한 진실을 밝혀내고 말 거야!"

당시 30대 초반의 기자였던 시모어 허시는 베트남을 수없이 방문했고, 이 사건과 관련된 미군 병사들과 50차례 넘게 만나 취재했어요. 이런 집요한 노력 끝에 허시는 '미라이 학살 사건'의 모든 것이 낱낱이 드러난 기사를 썼어요. 하지만 어느 언론사도 허시의 기사를 받아 주지 않았어요. 사건과 관련된 정치권과 군부의 사람들로부터 명예 훼손 소송을 당할 것을 두려워했기 때문이지요.

"국민의 알 권리가 정치권과 군부의 명예보다 훨씬 중요해! 용기를 내자!"

허시는 친구와 〈디스패치 뉴스 서비스〉라는 뉴스 배급사를 만들어 자신의 기사를 보도했어요. 이로써, 미군이 저지른 최악의 민간인 학살 사건이 세상에 널리 알려질 수 있었어요. 허시의 용기 있는 보도는 베트남 전쟁을 멈추게 하는 데 큰 역할을 했어요.

'알 권리'가 뭐예요?

허시 기자는 정치권과 군부의 압력 속에서도 국민들의 알 권리를 위해 '미라이 학살 사건'의 진실을 밝히는 용기를 냈어요.

그런데 알 권리는 무엇이고, 왜 중요한 걸까요? 알 권리는 '국가와 사회에 관련된 공적인 정보를 자유롭게 이용할 수 있는 권리'를 말해요. 공적인 정보를 모으고 취재하는 일을 자유롭게 할 수 있고, 정부가 가지고 있는 정보에 쉽게 접근하고 이용할 수 있는 권리이지요.

알 권리는 민주주의 사회에서 꼭 보장되어야 하는 기본적인 권리입니다. 나라의 주인인 국민이 정부가 하는 일을 자세히 알아야 하는 것은 당연한 일이겠지요? 따라서 정부의 정보는 누구에게나 제한 없이 공개되어야 합니다. 만약 제한되어야 한다면 누구나 인정할 수 있는 마땅한 이유가 있어야 해요.

시모어 허시
국민은 알고 싶은 정보를 언론을 통해 얻고, 언론은 국민의 알 권리를 위해 국민에게 올바른 정보를 전달해야 하는 의무가 있습니다. 시모어 허시는 국민의 알 권리와 숨겨진 진실을 위해 위험한 취재를 마다하지 않았어요.

'명예 훼손'이 뭐예요?

허시 기자가 미라이 학살 사건의 진실을 밝히려고 하자, 그 사건과 관련 있는 정치권과 군부는 자신들의 명예가 훼손될 것을 걱정하여 보도를 막으려고 했어요. 그럼 그들이 말하는 명예 훼손이란 무엇일까요?

언론에 의한 '명예 훼손'이란 '언론이 어떤 사람의 사회적 평가를 떨어뜨리는 사실, 또는 꾸며 낸 일을 보도하는 일'을 말해요. 꾸며 낸 일이거나, 사실이더라도 개인적인 일을 보도한다면 당연히 명예 훼손죄로 처벌받지만, 공공의 이익에 도움이 되는 사실이라면 명예 훼손에 해당되지 않습니다.

허시의 미라이 사건 취재도 공공의 이익에 도움이 되는 기사였으니, 역시 명예 훼손감이 아니었지요. 오히려 허시는 이 기사로 퓰리처상을 받았어요.

파파라치를 고소한 영화배우

니콜 키드먼이라는 유명한 배우는 제이미 포셋이라는 파파라치가 자신의 사생활을 도청하려 했다며 고소했어요. 포셋은 증거 불충분으로 풀려나긴 했지만, 이 사건은 유명인사에 대한 지나친 취재 열기가 불러온 갈등을 보여 줬어요. 언론의 자유와 개인의 명예는 모두 민주 사회에서 존중되어야 할 중요한 가치예요. 그런데 언론의 자유만 강조하다 보면 개인의 명예를 훼손할 수 있고, 개인의 명예만 강조하다 보면 언론의 자유가 작아질 수 있어요. 언론의 자유와 개인의 명예가 모두 존중받을 수 있도록 적절히 조절하는 것이 필요합니다.

미디어 소식　　　　　　　　　　　　　　　　　　　제17호

언론의 피해를 다루는 언론중재위원회

언론중재위원회 심볼 마크

언론의 자유는 정말 소중한 권리이지만 지나치면 명예 훼손과 사생활 침해 등의 문제를 일으킬 수 있어요. 그런 문제를 방지하기 위해서 언론사와 언론인 스스로 무분별하고 선정적인 보도를 하지 않도록 주의해야 하고, 보도의 피해를 막기 위한 사회적인 조치들이 필요합니다. 언론의 자유 못지않게 다른 사람에게 피해를 주지 않는 것도 중요하기 때문이에요.

우리나라는 1981년 '언론중재위원회'란 기관을 만들어서 언론의 보도 때문에 피해를 입은 개인과 단체의 권익을 보호하고 있어요. 언론 중재란 잘못된 보도를 한 언론과, 그 보도 때문에 피해를 입은 사람 사이에서 문제를 해결하도록 조정하는 일을 말해요.

언론 보도로 피해를 입은 사람이나 단체가 중재 신청을 하면 언론 보도의 피해 상황을 심사해서, 보도된 내용을 반대하는 반박 보도와 잘못된 내용을 고치는 정정 보도를 하게 하거나 손해 배상을 하도록 합니다. 처음에는 방송이나 신문 같은 인쇄 매체의 보도 문제만을 중재해 오다가, 2005년부터는 인터넷 신문까지도 중재 대상에 포함시키고 있어요.

18. 언론과 여론
대통령을 하야시킨 '워터게이트 사건'

　1973년, 미국이 발칵 뒤집혔어요. 제37대 대통령인 닉슨이 상대방 정당의 정보를 얻기 위해 불법 도청을 했다는 사실이 밝혀졌기 때문입니다.
　미국에서는 "대통령이 전화를 도청해서 남의 대화를 엿들으려 했다는 건 절대 있을 수 없는 일이야!"라며 대통령이 자리에서 물러나야 한다는 여론이 들끓기 시작했어요.
　이런 여론이 생기게 된 데에는 〈워싱턴 포스트〉 신문의 '워터게이트 사건'에 대한 끈질긴 보도가 큰 역할을 했어요.
　워터게이트 사건이란 1972년 6월 17일에 워터게이트 빌딩의 민주당 선거 본부 사무실에 침입한 도둑들이 잡힌 데에서 시작됩니다. 그 도둑들은 이상하게도 도청 장치를 갖고 있었어요.
　"왜 도둑들이 물건을 훔치지 않고 도청 장치를 가지고 있었을까? 뭔가 이상하지 않아?"

　마침 이 사건을 취재한 〈워싱턴 포스트〉 신문사의 밥 우드워드와 칼 번스타인 기자는 이 도둑들 뒤에 뭔가가 있다는 것을 눈치챘어요. 그리고 도둑 중 한 명이 미국 백악관과 연관이 있다는 것을 알아냈어요. 추적에 추적을 거듭한 끝에, 두 기자들은 당시 대통령이자 다음 대통령 선거에 다시 한 번 출마할 예정인 닉슨이 도둑들의 배후에 있다는 것을 밝혀냈습니다.

　당시 미국은 대통령 선거를 앞두고 각 당의 선거 운동이 한창이던 때였어요. 닉슨은 자신과 치열하게 경쟁하는 민주당의 후보가 어떻게 선거 전략을 짜고 있는지 알고 싶었어요. 그래서 비밀리에 민주당의 선거 본부 사무실에 도청을 하려다가 들통이 난 것입니다.

사건이 일어난 워터게이트 호텔

워터게이트 사건을 파헤친 〈워싱턴 포스트〉

〈워싱턴 포스트〉의 보도에도 불구하고, 닉슨이 배후 사실을 부인했고, 많은 신문들이 닉슨을 지지했기 때문에 닉슨은 다시 대통령에 당선되었어요. 하지만 〈워싱턴 포스트〉는 닉슨 대통령과 측근의 협박에도 굴하지 않고 이 사건을 줄기차게 보도했어요. 그리고 1973년 재판에서 닉슨이 배후라는 사실이 밝혀지고 만 거예요. 대통령의 거짓말이 드러나자 이에 충격을 받은 국민들이 거세게 반발했고, 대통령을 비판하는 여론이 들끓게 되었지요.

결국, 닉슨은 비판 여론에 밀려 1974년에 미국 역사상 최초이자 유일하게 대통령 자리에서 물러나는 불명예를 안게 됩니다.

워터게이트 사건 청문회에 입장한 닉슨

백악관을 떠나는 닉슨 일가

'워터게이트 사건'이 주는 교훈

워터게이트 사건은 언론의 역할을 새삼 일깨웠어요. 즉, 진실을 밝혀내는 보도를 통해 권력을 비판하고 감시하는 언론의 역할이 얼마나 중요한 것인지를 말이지요. 또한, 알려지지 않은 사실을 샅샅이 조사하여 진실을 밝혀내는 탐사 보도가 큰 성과를 거둔 사건이기도 해요.

사람들은 워터게이트 사건으로 언론에 대한 기대와 믿음을 갖게 되었고, 언론인들도 진실을 밝혀 그릇된 일을 바로잡을 수 있는 자신의 일에 대한 자부심과 책임감을 더 크게 느꼈지요. 또, 이 사건은 텔레비전이 보급되면서 점점 인기가 떨어지던 신문이 나아갈 길을 찾아 주기도 했습니다. 뉴스를 빠르고 재미있게 전달한다는 점에서 신문이 텔레비전을 따를 수 없지만, 뉴스에 대한 충분한 해석과 논평은 신문이 더 잘할 수 있다는 걸 알게 되었어요.

밥 우드워드와 칼 번스타인 기자
〈워싱턴 포스트〉의 두 기자는 정치권의 압력에도 불구하고 집요하게 취재하고 보도했어요. 당시에는 작은 신문사였기에 대중은 그들의 용기에 더욱 찬사를 보냈고 〈워싱턴 포스트〉는 타협하지 않는 신문사로 이름과 신뢰를 크게 높일 수 있었어요.

'여론'은 무엇인가요?

닉슨 대통령이 전화 도청을 지시한 사실이 밝혀지자, 국민에게 믿음을 주지 못하는 부도덕한 대통령은 자리에서 물러나야 한다는 국민들의 의견이 많아졌어요. 이렇게 어떤 일에 대해서 많은 사람들이 갖게 되는 의견을 '여론'이라고 합니다.

민주주의 국가의 민주 정치는 나라의 주인인 국민의 뜻, 즉 여론을 바탕으로 이루어지는 여론 정치예요. 이런 까닭에 권력의 꼭대기에 선 대통령마저도 스스로 내려올 수밖에 없었던 거예요. 따라서 정치권은 국민의 마음, 즉 여론을 잘 알고 있어야 해요. 정부를 비롯한 정치인들이 여론을 정확히 파악하고 이를 정책에 반영하는 일이 중요한데, 이때 언론이 큰 역할을 하게 됩니다.

언론을 통해 국민은 정보를 얻고 자신의 의견을 나타내지요. 언론은 국민들의 의견을 모아서 여론을 파악하고, 이를 정책을 결정하는 사람들에게 전하는 일을 해요.

언론의 역할이 커요
언론이 자유롭게 제 역할을 하지 못하면 여론이 만들어지고 정책에 반영되는 것이 어려워져요. 따라서 민주 사회에서 언론의 자유는 반드시 보장되어야 하지요.

여론은 옳기만 할까요?

민주주의 사회에서 여론은 정책을 결정하거나 사회 문제를 해결하는 데 중요한 역할을 합니다. 그러나 여론이 갖는 문제도 적지 않아요.

우선 여론을 만드는 일반 대중들이 쟁점 사안에 대해서 적절한 결론을 내릴 수 있는 충분한 정보와 전문적인 지식을 갖지 못한 경우예요. 그렇게 되면 여론에 의해서 결정된 내용이 합리적이고 바람직하지 못할 수 있습니다.

둘째로 많은 사람들이 찬성하는 의견이 항상 옳은 것은 아니라는 점입니다. 대개 사람들은 자신의 의견이 많은 사람들의 의견과 다르면, 자기 의사를 고집하는 대신 많은 사람들의 의견에 따라간다고 해요.

끝으로 여론은 비이성적인 방법에 의해 조작될 수도 있어요. 히틀러와 나치스의 정치 선전에 의해 유대 인 학살에 찬성하는 여론이 만들어진 것이 그 좋은 예이지요.

이와 같이 여론이 갖는 문제점이 있지만, 대중들의 의견을 합하고 조정하여 정책에 반영함으로써 민주주의를 실현하기 때문에 여론을 무시할 수 없어요.

여론의 문제점과 한계를 정확히 알고, 여론에 과도한 의미를 부여해서 개인의 의사가 다수의 여론에 휩쓸리지 않는 노력이 필요합니다.

히틀러에게 열렬한 지지를 보내는 독일 국민들

19. 전쟁과 저널리즘
삐용삐용, 전쟁이 게임처럼 보여!

 '걸프 전쟁'은 1991년 1월부터 2월까지 미국·영국·프랑스 등 34개국으로 이루어진 다국적군과 이라크가 벌인 전쟁입니다. 이때 미국은 전쟁에 관련된 보도를 자제시키려고 많이 노력했어요. 베트남 전쟁에서 미국이 패한 이유가 텔레비전 보도 때문에 전쟁을 비난하는 여론이 만들어져서라고 보았기 때문이죠. 그래서 걸프 전쟁을 치르는 동안에는 언론을 철저하게 통제했습니다.

 그러나 이런 언론 통제 속에서도 수적으로 많아진 방송사들은 미디어 전쟁이라 할 만큼 적극적인 보도 경쟁에 나섰어요.

 그중에서도 미국의 뉴스 전문 케이블 방송인 〈케이블 뉴스 네트워크(CNN)〉는 '전쟁 상황 실시간 생중계'로 전 세계인의 주목을 받았어요. CNN은 미군의 바그다드 폭격이 시작되었을 때 미사일이 빗발치는 바그다드 시내에서 생중계를 시작했습니다. 그

생생한 현장 화면에 사람들은 무척 놀랐어요.

"우리 집 안방에서 전쟁 상황을 실시간으로 시청하는 날이 오다니 놀랍군!"

"내가 바그다드에 있는 착각이 들 정도로 CNN의 바그다드 폭격에 대한 보도는 정말 생생했어!"

CNN의 생생한 전쟁 보도는 전 세계의 관심을 모았고, 덕분에 미국의 작은 방송사에 지나지 않았던 CNN은 세계적인 뉴스 전문 채널로 성장할 수 있었어요.

한편, CNN을 비롯한 방송사들은 하루 종일 전쟁 보도를 하면서, 늘어난 보도 시간을 좀 더 흥미롭게 만들기 위해 컴퓨터 그래픽을 적극적으로 사용했습니다.

"컴퓨터 그래픽으로 만든 영상들을 보고 있으려니, 이건 전쟁 보도가 아니라 컴퓨터 게임 같은걸."

전 세계 사람들이 텔레비전을 통해서 본 걸프 전쟁은 처참하고 비극적인 현실이 아니라, 미디어 기술이 만들어 낸 가상의 이미지였어요. 텔레비전 화면을 통해 컴퓨터 게임처럼 만들어진 전쟁 영상을 시청하는 사람들은 전쟁의 폭력성을 실감하지 못했고, 그로 인해 전쟁에 대해 심각하게 생각하지도 못했답니다.

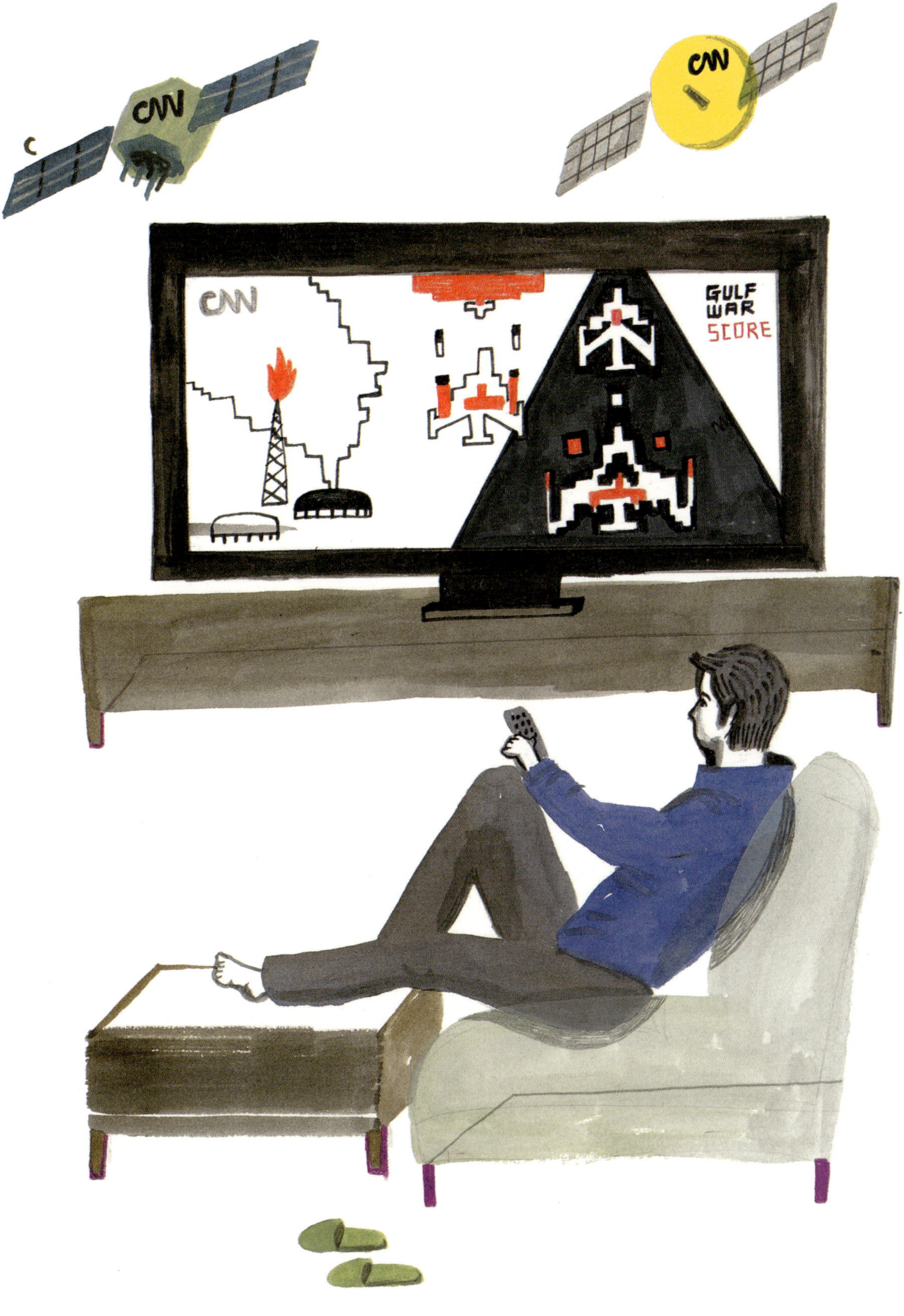
CNN
CNN
CNN
GULF
WAR
SCORE

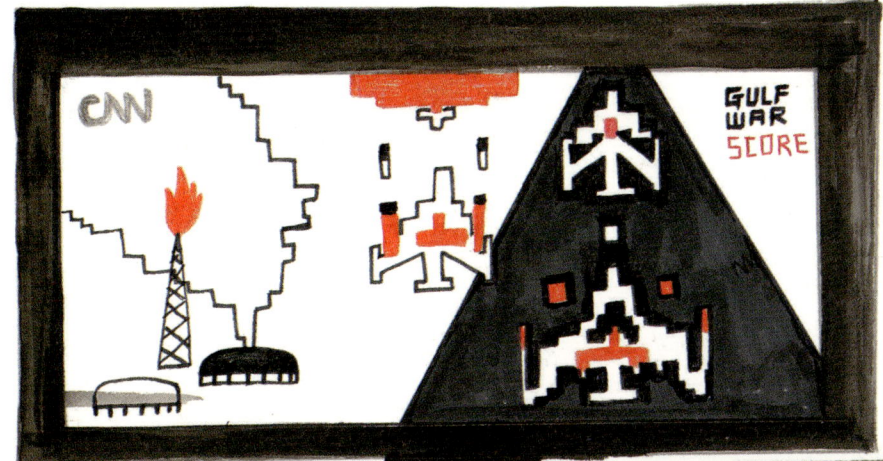

아군을 보도하는 미군의 방법

걸프 전쟁에서 미국 정부와 군부는 여론을 자신들에게 유리한 방향으로 만들기 위해 체계적으로 언론을 통제했어요.

우선 기자를 비롯한 언론인들을 자신들 뜻대로 관리하기 위해 기자단 제도를 실시했어요. 정해진 수의 기자들에게만 취재를 허락했는데, 취재도 미군 기지 내에서만 하도록 제한을 두었어요. 그리고 미군에 우호적인 기자들은 안전하게 취재할 수 있도록 협조했지만, 비판적인 기자들에게는 도움을 주지 않았지요.

또, 미군이 바그다드 군사 시설을 폭격하는 장면에서는 자신들이 선택한 영상이 방송에 나가게 했고, 이라크의 인구 밀집 지역인 바스라 지역에 퍼부은 폭격처럼 수많은 민간인들을 죽게 한 사실에 대해서는 보도를 막았어요.

미국 당국의 언론 통제로 전 세계 사람들은 왜곡된 뉴스와 정보를 접할 수밖에 없었답니다.

첨단 무기로 무장한 다국적군
우수한 무기로 무장한 미군의 모습이 계속 보도되는 등 텔레비전에서는 우세한 미군을 선전하는 영상이 많이 비쳐졌습니다. 그럼 이라크에 대해서는 어떻게 보도하게 했을까요?

적군을 보도하는 미군의 방법

　미군은 유리한 여론을 만들기 위해 미군에게는 유리하게, 이라크에게는 불리하게 이미지를 선별해서 텔레비전에 내보냈어요.

　우선 이라크에게 공격받은 쿠웨이트의 여성이 울먹이며 증언하는 화면을 내보냈어요. 쿠웨이트 피난민인 이 여성은 이라크 군인들이 병원에 들이닥쳐 인큐베이터에 있는 아기들을 바닥에 내던져서 죽게 했다고 증언했어요. 또, 석유에 새까맣게 물들어 죽어 가는 물새 화면도 내보내면서, 이라크군이 일부러 유전(석유가 나는 곳)을 파괴했다고 보도했어요. 이런 보도들은 이라크 사람들이 잔인하고 야만적이며, 환경 파괴의 문제점은 생각하지 않고 유전을 파괴하는 무지한 사람들로 보이게 했어요.

　후에 쿠웨이트 여성의 증언은 없었던 일을 꾸며 낸 것이고 유전이 파괴된 것은 다국적군의 폭격 때문이라는 게 밝혀졌지만, 이미 사람들의 머릿속에는 이라크 사람들에 대한 부정적인 편견이 크게 자리 잡았답니다.

파괴되어 검은 연기를 내뿜고 있는 유전 시설

미디어 소식   제19호

언론의 전쟁 보도 비판하기

"전쟁이 시작되면 가장 먼저 희생되는 것은 진실이다."라는 말이 있어요. 그 말처럼, 국가 간의 이해가 첨예하게 부딪히는 전쟁에서 객관적인 진실을 담은 보도를 하는 일은 쉽지 않습니다. 그러나 전쟁은 가장 파괴적이고 비극적인 사건이기 때문에, 언론은 전쟁의 원인과 피해 상황을 정확하고 빠르게 보도하고, 전쟁이 다시 일어나지 않도록 보도해야 할 책임이 있어요. 그런데 언론이 전쟁을 과장하여 선정적으로 다루곤 해서, 책임을 제대로 수행하지 못하는 경우가 많습니다.

우리나라 언론의 전쟁 보도가 지니는 문제점으로는 주로 외신에 의존해서 보도를 하다 보니 잘못된 오보가 나가는 경우가 많다는 점입니다. 그리고 우방 국가인 미국과 서방 국가의 입장에 서서 편향적으로 보도하는 경향이 강합니다. 전쟁은 심각한 사안인 만큼 깊이 있는 취재와 분석이 필요한데, 심층적인 보도가 부족한 점도 보완해야 할 문제예요. 또, 뉴스의 전달력을 높이기 위해 과도한 컴퓨터 그래픽과 시뮬레이션 화면을 사용하는 것은 전쟁의 심각성을 제대로 전달하지 못하기 때문에 적절하지 못합니다. 전쟁 보도의 문제점을 파악하고 비판하는 것은 무력 전쟁에서 정보 전쟁과 미디어 전쟁으로 변화하는 현대의 전쟁을 이해하는 데 있어서도 꼭 필요한 일입니다.

20. 언론 조작
민주화 운동을 폭동이라고 하다니!

1980년 5월 18일, 전라남도 광주에서 민주화를 요구하는 시위가 벌어졌어요. 군부가 쿠데타를 일으켜 정권을 장악한 뒤 계엄령을 선포하고 민주화 인사를 구속하는 등 독재 정치를 하자 이를 반대하는 움직임이 일어난 것이죠.

전남 대학교 학생 200여 명이 쿠데타로 정권을 잡은 군부에 항의하는 시위를 벌이자, 군인들은 학생들을 마구 때리고 옷을 벗겨 끌고 갔어요. 이에 화가 난 5,000여 명의 광주 시민과 학생들이 다음 날 시위를 벌였는데, 군대가 장갑차까지 끌고 와 총을 쏘기 시작했어요. 군인들은 임산부와 어린이, 노인 들을 가리지 않고 무차별적으로 총과 칼을 들이댔어요.

"어떻게 이런 일이! 군인들이 죄 없는 시민들을 총으로 쏴 죽이다니! 이대로 당할 순 없어, 우리도 무기가 필요해!"

광주 시민들은 살기 위해 무기 창고를 습격해서 총을 빼앗을 수밖에 없었어요. 군대와 시민들이 서로 총을 겨누며 시가전을 벌였으니, 광주는 전쟁터나 다름이 없었어요.

그런데 수많은 사람들이 죽고 다치는 끔찍한 상황이 10일이나 계속되는데도 광주 밖의 다른 지역에서는 이런 사실을 잘 알지 못했어요. 군부에서 이 일이 확산될까 봐 광주를 둘러싸서 출입을 막고 전화 통화도 끊었기 때문이에요.

"광주의 상황이 자세히 알려지면 안 돼! 광주 시민들은 빨갱이들의 지시를 받은 무장 폭도들이라는 걸 강조해!"

군부는 언론을 압박했어요. 5월 21일이 되어서야 언론은 군부의 눈치를 보며 광주의 상황을 간단하게 보도할 수 있었어요. 그나마 빨갱이와 폭도 들이 날뛰는 광주를 용감한 군인들이 진압하고 있다며 사실과 다른 내용을 보도해야 했어요.

한편, 진실을 알리려는 언론인들의 노력도 있었어요. 하지만 군부는 양심적인 언론인들을 유언비어를 퍼뜨려 나라를 어지럽힌다는 이유로 잡아가고 해직시켰어요. 뿐만 아니라 군부에게 유리한 방향으로 기사를 써 달라며 기자들에게 뒷돈까지 주었어요.

광주에서 있었던 일은 9년이 흐른 뒤에야 국회 청문회를 통해 정확히 밝혀지고, 광주 희생자에 대한 명예 회복과 보상도 이루어질 수 있었어요.

광주 민주화 운동을 조작한 '의제 설정'

매스 미디어가 대중들의 생각을 어떤 한 방향으로 몰아가는 것을 '의제 설정' 또는 '안건 설정'이라고 해요. 예를 들면, 뉴스나 토론 프로그램에서 중요하다고 보도하는 주제가 대중들에게도 중요한 주제가 되는 것을 말하지요. 매스 미디어가 어떤 내용을 계속 집중해서 다루면 사람들의 관심이 그 내용에 집중되고 다른 내용들은 신경을 쓰지 않게 되는 현상이지요.

의제 설정에서 어떤 내용을 전할 것인지 못지않게, 어떤 방식으로 전할 것인가도 중요한 문제가 됩니다. 매스 미디어에서 어떤 관점으로 어떤 차례나 비중으로 내용을 구성하느냐에 따라 전해지는 의미는 많이 달라질 수 있거든요.

'광주 민주화 운동'이 '빨갱이 폭도들의 반란'으로 알려진 것처럼, 언론의 잘못된 의제 설정은 진실을 숨기고 정당하지 못한 권력에 이용되는 문제를 가져올 수 있어요.

크게 다뤄진다고 가장 중요한 사건일까요?
월드컵 경기는 4년마다 열리는 지구 전체의 큰 축제이죠. 그래서 경기가 열리면 중계 방송이 하루 종일 되풀이 될 정도예요. 2002년에도 월드컵 경기가 한창일 때, 방송국들은 기대 이상의 성적을 거두는 한국팀을 극찬하며 월드컵 이야기만 다루었어요. 국민들도 다른 일에 신경쓰지 못하고 월드컵에만 관심을 집중했죠. 그 때문에 여러 중요한 사건이 국민에게 알려지지 못했어요. 어떤 사건인지 궁금하다면, 154쪽을 보도록 해요.

'게이트 키핑'이 뭐예요?

신문이나 방송에 뉴스가 나갈 때는 여러 과정을 거쳐야 합니다. 뉴스거리에 관련된 사람을 어떻게 취재할 것인가를 결정하고, 취재를 나가서는 중요하게 느껴지는 부분을 선택해서 취재해요. 그리고 기자가 취재해 온 내용은 편집자의 판단에 따라 다시 다듬어져서 보도로 나가지요. 이렇게 내보낼 뉴스를 선택하고 버리는 일을 결정하는 과정을 '게이트 키핑'이라고 합니다.

이런 과정이 있기 때문에 같은 사안을 두고도 언론사마다 보도의 내용이 달라질 수 있어요. 광주 민주화 운동 당시 군부 정권의 눈치를 보는 대다수의 언론은 '빨갱이들의 조종을 받은 폭도들이 일으킨 사태'라고 보도했지만, 군부 정권에 비판적인 일부 언론이 '군인들의 무차별 진압에 맞선 저항권 행사'로 보도한 것처럼 말이죠.

사건은 하나지만 해석 방법은 천차만별
같은 내용이어도 언론사의 선택에 따라 신문 기사가 크거나 작게 실리는 것도, 방송 뉴스가 길거나 짧게 나가는 것도 '게이트 키핑'의 결과랍니다.

미디어 소식　　　　　　　　　　　　　　　　　　　　　제20호

광고를 위한 언론 조작, 의사 사건

1957년, 미국의 34대 대통령 아이젠하워가 67세 생일을 맞이했어요. 아이젠하워의 생일을 축하하기 위해 빌 카더슨이란 사람은 만든 지 67년이 된 코냑(포도주를 증류해서 만든 술)을 선물했어요. 그때 〈워싱턴 데일리 뉴스〉 신문이 이 상황을 큰 사진과 함께 대대적으로 보도했어요. 그런데 이 보도가 나가고 난 뒤 코냑의 판매량이 급격히 늘어났다고 해요.

알고 보니, 빌 카더슨은 프랑스의 한 코냑 회사에서 고용한 사람이었고, 그 회사는 미국에서 코냑을 팔기 위해 언론을 이용했다는 거예요. 언론을 조작하는 것은 정치권뿐만 아니라, 아이젠하워가 받은 코냑의 예처럼 물건의 판매를 늘리기 위한 광고를 통해서도 자주 일어나요. 이렇게 특정 물건이나 사람을 대중들에게 널리 알리기 위해서, 일부러 사건이나 뉴스를 조작하는 것을 '의사 사건'이라고 합니다. 의사란 '사실과 비슷하지만 사실이 아닌 것'을 뜻하는 말이에요.

의사 사건은 물건의 장점을 크게 부각시켜 대중들에게 매력을 느끼게 해서 그 물건을 사게 만들어요. 하지만 정확한 정보를 생략하여 대중들을 속일 수 있기 때문에 바람직하지 못한 방법이에요.

21. 텔레비전의 힘

로드니 킹이 백인이었다면 경찰들이 저렇게 때렸을까?

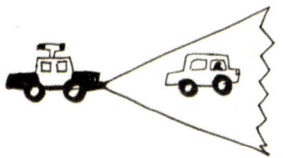

　1991년 3월 3일, 로스앤젤레스에서 한 경찰차가 시속 160킬로미터 이상의 속도로 거리를 누비는 차를 추격하고 있었어요. 그 차는 감옥에 있다가 임시 석방된 로드니 킹이라는 흑인이 몰고 있었지요. 경찰차의 추격에도 로드니 킹이 차를 멈추지 않자, 5~6대의 경찰차와 2대의 헬리콥터까지 출동하여 추격전이 벌어졌어요. 결국 로드니 킹의 차는 로스앤젤레스 근교의 고속도로에서 멈췄습니다. 경찰들은 경고를 무시하고 자신들을 교외까지 끌고 온 로드니 킹에게 무척 화가 났어요.

　"저 나쁜 녀석을 끌어내서 혼내 줘야 해!"

　경찰 4명은 로드니 킹을 차에서 끌어낸 뒤 경찰봉과 주먹, 발길질로 마구 구타했어요.

　경찰에게 맞은 로드니 킹의 얼굴은 찢어져서 피범벅이 되었고,

왼쪽 다리는 부러져서 제대로 걷지도 못할 지경이 되었어요.

그런데 마침 그 모습을 조지 홀리데이라는 사람이 촬영을 했고, 그 비디오테이프를 방송국에 넘겼어요. 방송국들은 텔레비전 뉴스 시간에 로드니 킹이 마구 구타당하는 모습을 그대로 내보냈어요. 그리고 이는 로스앤젤레스에 사는 사람들에게 큰 충격을 주었습니다.

"아무리 로드니 킹이 잘못했다지만, 경찰들이 저렇게 때리는 건 잘못된 거 아니야?"

"로드니 킹이 백인이었다면 경찰들이 저렇게 때렸을까?"

텔레비전 뉴스를 본 사람들은 경찰들의 지나친 폭력에 화가 났어요. 특히 평소 인종 차별을 당해 왔던 흑인들은 몹시 충격을 받았어요.

사실 미국에서는 이미 100년도 더 전인 1863년에 흑인 노예 제도가 폐지되었어요. 하지만 흑인들은 여전히 사회에서 제대로 대접받지 못하고 있었어요.

불과 30년 전인 1960년대만 해도 버스에서 흑인은 백인을 위해 자리를 양보해야 한다는 법이 버젓이 남아 있었을 정도이니까요. 그런 상황에서 백인 경찰관이 흑인을 무자비하게 구타하는 모습은 흑인들에게 깊은 상처를 주었어요.

결국, 이 사건은 1년 뒤에 흑인들이 로스앤젤레스에서 거센 폭동을 일으키게 한 중요한 원인 중의 하나가 됩니다.

로스앤젤레스 폭동은 어떻게 시작되었나요?

흑인 로드니 킹이 백인 경찰 4명에게 구타당하는 모습이 텔레비전 뉴스로 나가고 나서, 사람들은 경찰들이 벌을 받기를 바랐고 경찰들은 재판을 받게 되었어요. 하지만 1년 뒤, 법원은 경찰들에게 무죄를 선고했어요.

재판 결과가 발표되자 흑인들은 무척 화가 났습니다. 배심원들이 대부분 백인이었기 때문에 흑인인 로드니 킹을 무시하고 백인 경찰들의 편을 들었다고 생각한 것이지요.

로스앤젤레스의 흑인들은 거리로 뛰쳐나와 시위를 시작했고, 몇 시간 뒤 이 시위는 폭동으로 변했어요. 흑인들은 건물에 불을 지르고 상점의 물건을 훔치는 등 격렬한 폭동을 벌였고, 이는 6일 동안 계속되었어요.

로스앤젤레스에는 우리 교포들이 운영하는 상점이 많아서, 로드니 킹 사건과 직접적인 관련이 없는 우리 교포들이 큰 피해를 입었습니다.

로스엔젤레스의 거리를 순찰하는 방위군
폭동을 진압하기 위해 4,000명의 방위군이 로스앤젤레스에 투입되었어요.

텔레비전을 호소력 있는 미디어라고 하는 이유

텔레비전은 눈으로 보고 귀로 듣는 시청각 미디어예요. 따라서 영상과 음향을 통해 재현되는 상황이 지금 내 옆에서 일어나는 일인 것처럼 생생하게 느끼게 하는 특성을 지니고 있어요.

그렇기 때문에 로드니 킹이 백인 경찰들에게 구타당하는 모습을 본 흑인들은 마치 자기가 맞는 것 같은 느낌이 들었을 거예요. 로드니 킹 사건 뉴스는 평소 피부색 때문에 인종 차별을 받던 흑인들의 슬픔과 분노를 건드렸고, 로스앤젤레스 폭동의 결정적인 계기가 되었어요. 만약 로드니 킹이 구타당하는 뉴스 영상이 텔레비전을 통해 방송되지 않았다면 흑인들의 분노가 이렇게 크지는 않았을지도 모릅니다.

이렇듯 현장감 넘치는 사실적인 영상으로 사람들의 마음을 움직이는 설득력을 가지고 있기 때문에, 텔레비전을 호소력 있는 미디어라고 합니다.

텔레비전에 정신없이 몰입한 사람들
텔레비전이 없는 가정이 거의 없어요. 텔레비전은 우리에게 가장 친숙하고 그만큼 영향력도 큰 매체이지요.

미디어 소식   제21호

'이산가족 찾기 방송'

1983년 6월 30일, 우리나라의 한국방송공사(KBS)는 〈이산가족을 찾습니다〉라는 특별 생방송을 내보냅니다. 이산가족은 한국 전쟁 때 전쟁의 혼란 속에서 헤어진 가족을 일컫는 말이에요.

원래 이 프로그램은 95분 분량의 1회 특별 생방송으로 기획된 것이었어요. 그런데 150명을 초청한 방청석에 1,000명이 넘는 이산가족이 몰려들었고, 출연한 850가족 중 36가족이 가족을 찾았습니다. 특별 생방송이 나간 다음 날, 한국방송공사 본관 앞에는 잃어버린 가족을 찾길 원하는 이산가족이 1만 명이 넘게 몰려들었어요. 한국방송공사는 '이산가족 찾기 추진 본부'를 설치해서, 11월 14일까지 연장 방송을 합니다. 〈이산가족 찾기 특별 생방송〉은 138일간, 총 453시간 45분 동안 방송되었고, 5만 3,536명이 출연해서 1만 189명이 가족을 만나게 되었어요.

이 방송은 우리나라 전체를 울음바다로 만든 것은 물론, 전 세계 신문과 방송사가 크게 보도할 정도로 세계적인 관심을 모았어요. 그 전에도 신문사나 관련 기관에서 이산가족 찾기 행사를 벌인 적이 있지만 성과를 내지 못했다가, 텔레비전의 힘으로 많은 사람들이 가족들과 만나게 되었습니다. 당시 보급되기 시작한 컬러 텔레비전은 가족 상봉의 감동을 더 생생하게 전달해 주었어요.

텔레비전의 위력을 보여 준 이산가족 찾기 운동

22. 미디어 산업

돈으로 산 언론이
진짜 언론이 될 수 있을까?

2007년 9월 10일 오전 11시, 미국 뉴욕 맨해튼의 다우존스사 정문 앞에서 노란색 팻말을 목에 걸고 손에 든 사람들이 시위를 시작했어요. 그 사람들은 다우존스 회사가 발행하는 세계 유명 경제 신문인 〈월스트리트 저널〉의 기자들이었어요.

다른 때 같으면 한창 기사를 쓰느라 바쁠 기자들이 왜 회사 앞으로 몰려나와 시위를 하는 걸까요?

"루퍼드 머독은 편집권의 독립을 약속했지만 믿을 수 없다."

"임금 삭감(깎아서 줄이는 것)을 반대한다! 기사를 쓰는 우리를 무시하면 저널리즘의 질은 하수구로 떨어진다."

그래요. 그들이 거리 시위를 나선 것은 바로 머독 때문이에요. 그런데 머독이 누구냐고요? 머독은 세계 각지에 100여 개의 미디어 회사를 가진 세계적인 미디어 재벌이에요. 오스트레일리아

출신의 머독은 미디어 회사를 키워 큰 재벌이 된 뒤, 세계 각국의 미디어 관련 회사를 사들였어요. 전통 있는 경제지 〈월스트리트 저널〉도 루퍼드 머독이 소유한 〈뉴스 코퍼레이션〉으로 경영권이 넘어갔어요. 그러자 기자들이 이를 반대하고 나섰어요. 사실 반대한 사람들만 있었던 것은 아니에요. 그중에는 머독처럼 돈 많은 사람이 회사를 인수했으니까 회사에 더 많은 투자를 할 것이고, 그래서 회사가 더 발전하리라고 생각한 사람들도 있었어요.

하지만 대부분의 사람들은 예전에 있었던 일을 떠올렸어요.

"1981년에 머독이 영국의 〈선데이 타임스〉를 사들였잖아?"

"맞아. 그리고 독자를 늘린다면서 영국 왕실의 뒷이야기 같은 선정적이고 자극적인 기사들로 지면을 채웠지."

"머독이 직접 발간 부수를 늘리기 위해 이런 기사를 실으라고 했다는데, 그럼 우리 신문사에도 그러지 않겠어?"

"좋은 신문을 만들기 위해서는 신문 편집권이 독립되어 있어야 해! 발간 부수를 늘리기 위해 경영자가 편집에 간섭하면 신문이 공정성을 잃게 된다고!"

미국에서 인정받는 신문 중의 하나인 〈월스트리트 저널〉이 머독에게 인수되면서, 사람들은 미국에서 머독의 영향력이 커질까 봐 걱정했어요.

예전에는 히틀러처럼 정치 권력을 쥔 독재자가 언론을 흔들었다면, 이제는 머독의 예에서 볼 수 있듯이 돈의 힘이 언론을 움직이는 현상이 늘어날 것으로 보여 우려를 낳고 있어요.

루퍼트 머독은 미디어 제국의 황제?

1931년 오스트레일리아 멜버른에서 태어난 머독은 아버지로부터 두 개의 작은 신문사를 상속받으면서 미디어 산업에 뛰어들었어요. 머독은 자극적이고 선정적인 기사를 실어서 신문의 판매를 늘렸어요. 그리고 〈뉴스 코퍼레이션〉이란 회사를 설립했지요.

오스트레일리아에서 영국으로 건너가 여러 미디어 회사를 손에 넣은 머독은 그 뒤 미국에까지 진출했고, 현재 세계 각지에 많은 미디어 관련 회사를 거느려 '미디어 제국의 황제'라는 별명까지 얻게 되었습니다.

머독이 소유한 회사는 신문사로는 〈런던 타임스〉 등 130여 개의 신문사, 〈폭스 티브이〉 등 20여 개의 방송사, 〈20세기 폭스사〉 등 영화사, 〈폭스 뉴스〉 케이블과 〈비스 카이비〉 등의 위성 방송사, 〈티브이 가이드〉 등 20여 개의 잡지, 〈하퍼 콜린스〉 출판사 등이 있어요.

그야말로 대중을 상대로 한 미디어 산업 요소 요소에 관련되어 있다고 볼 수 있죠.

미디어 황제 루퍼트 머독

미디어 재벌이 왜 문제가 될까요?

　미디어 재벌이 회사를 운영하면 재정이 튼튼해져서, 더 질 좋고 다양한 내용과 정보를 만들어 낼 수 있을 것 같죠? 하지만 현실은 그렇지 않아요. 미디어 재벌이 가장 중요하게 생각하는 것은 이윤을 남기는 일이에요.

　방송국은 광고를 팔아 회사를 운영하는데, 시청률이 높은 프로그램에는 광고가 많이 붙고 시청률이 높지 않으면 광고가 붙지 않아요. 그렇다면 모든 사람들이 텔레비전 프로그램을 고루고루 보면 좋겠는데, 유감스럽게도 시사 토론이나 다큐멘터리 같은 프로그램은 시청률이 그다지 높지 않아요. 대신 드라마나 음악 같은 예능 프로그램은 시청률이 꽤 높은 편이에요.

　만약 방송국이 이익만을 추구한다면, 자극적인 드라마나 예능 프로그램을 만드는 데만 힘을 쏟겠지요? 그리고 미디어 재벌의 신문사에서 취재한 내용을 그 회사 텔레비전 뉴스에 보도하는 것처럼, 최소한의 인력으로 더 많은 방송을 할 거예요. 이렇게 되면 미디어의 질은 떨어지고 획일화되어 갈 것이고, 시청자들이 선택할 내용도 점점 줄어들 겁니다.

돈일까, 신념일까?
기업가에게는 이윤이 최고의 목표이겠지만, 미디어 매체 경영에는 이윤 이상으로 중요한 가치와 신념이 있어야 해요.

미디어 소식　　　　　　　　　　　　　　　　　　　　제22호

광고 없인 하루도 살 수 없는 매스 미디어

매스 미디어의 주요 수입원은 광고입니다. 광고주는 신문, 텔레비전, 라디오, 잡지 등의 매스 미디어를 통해서 상품을 광고하고, 매스 미디어는 광고비를 받아 회사를 운영해요.

광고주는 광고를 보는 사람들이 많아야 광고의 효과를 얻을 수 있기 때문에, 구독자가 많은 신문과 시청률이 높은 방송에 광고를 내보내려 해요. 그러다 보니 신문사에서는 구독자를 늘리기 위해 경품을 주고, 방송사에서는 시청률을 높이기 위해서 오락성이 강한 프로그램을 많이 만들게 되지요.

드라마의 경우에 피피엘(PPL)이라고 불리는 간접 광고가 큰 비중을 차지해요. 등장인물의 옷이나 소지품, 집, 갖가지 소품들을 통해 자연스럽게 광고하려는 상품이 드러나도록 하죠. 그래서 많은 물건을 간접 광고하기에 적합한 부자들이 주인공으로 등장하고, 패스트푸드 같은 음식을 먹는 장면이 자주 나오는 거예요.

광고의 영향력이 크다 보니 광고주의 미디어 통제도 심해지고 있습니다. 어떤 기업이 자신들에게 비판적인 내용을 다룬 신문사와 방송사에 광고를 빼겠다고 압력을 넣었다는 뒷소문을 심심치 않게 접할 수 있어요.

이렇게 미디어 산업에 미치는 광고의 영향력은 크지만, 매스 미디어가 공적인 언론으로서 제 역할을 하기 위해서는 광고에 전적으로 의존하는 상황이 개선되어야 해요.

공적 매스 미디어를 잘 만들기 위해서는 돈이 필요해요. 하지만 돈에 휘둘려서는 안 되지요.

23. 인터넷 저널리즘
전 세계에 진실을 알린 블로그의 힘

　2003년 3월 20일, 미국과 이라크 사이에 전쟁이 일어났습니다. 미국은 이라크가 위험한 전쟁 무기를 숨기고 있으니 세계의 평화와 미국의 국민 보호를 위해서 이를 저지해야 한다며 전쟁을 일으켰습니다. 전쟁이 일어나기 전부터, 미국이 이라크를 '악의 축'으로 지목한 탓에 이라크 국내의 분위기는 흉흉했어요.

　이때, 한 청년이 블로그를 개설하고 매일매일 이라크의 수도 바그다드에서 일어나는 상황을 글로 올리기 시작했어요. 그리고 그 블로그는 전 세계로부터 큰 반향을 불러일으켰습니다.

　살람 팍스라는 청년이 절친한 친구 라에드의 이름을 넣어서 〈라에드는 어디 있는가?〉라는 블로그를 만들었어요. 그리고 바그다드에서 벌어지는 전쟁 상황을 매일 일기처럼 써서 올렸지요.

　"연합국의 공습이 시작되는 동안 이라크 국영(나라에서 운영함)

텔레비전은 우리가 공격을 받고 있다는 사실을 알려 주는 대신 애국심을 강조하는 노래들을 방송했다. …… 방금 전 전화를 걸어 친구들의 안부를 확인했다. 우리에게는 정보가 필요한데, 이라크 텔레비전은 무엇 하나 말하지도 보여 주지도 않는다."

팍스는 솔직하고 사실적으로 당시 상황을 전했어요. 전 세계 네티즌들은 그의 글을 보면서 이라크전을 겪는 바그다드 보통 사람의 마음에 공감했지요.

"팍스의 블로그를 보면 이라크 전쟁의 상황을 있는 그대로 알 수 있어."

"미국의 CNN과 카타르의 알자지라(Al-Jazeera: 중동 지역의 대표적인 방송사)보다 팍스의 블로그 내용이 더 정확하다니까."

당시 기존의 언론 보도는 정확하지 않은 내용이 많았어요. 미국과 영국의 언론은 사실과 다른 과장 보도를 많이 내보냈고, 이라크의 언론은 정부의 통제 때문에 제대로 된 보도를 할 수 없었어요. 이런 상황이었으니, 팍스의 생생한 소식은 많은 이들에게 환영을 받을 수밖에 없었죠. 하루 조회 수가 무려 3,000회에 이를 정도로 수많은 네티즌과 언론이 팍스의 블로그를 방문했어요.

팍스 같은 블로그 운영자들의 활약은 기존의 언론이 담지 못하는 차별된 정보를 전해 주었고, 대안 언론으로서의 가능성을 느끼게 해 주었어요.

'블로그'와 '블로거'가 뭐예요?

블로그는 '인터넷을 뜻하는 웹(Web)과 일기를 뜻하는 로그(Log)가 합쳐진 웹로그'에서 나온 말이에요. 1997년 미국에서 처음 등장한 블로그는 누구든 자신의 관심사에 따라 자유롭고 편안하게 글을 올릴 수 있는 웹 사이트입니다. 그리고 블로거는 '블로그를 운영하는 사람'을 말해요.

블로그는 인터넷 홈페이지를 만드는 방법을 알지 못해도, 블로그 페이지만 있으면 누구나 쉽게 글이나 그림, 사진 등 다양한 자료를 올리고 편집할 수 있어요. 그리고 서로의 생각을 주고받는 의사소통 기능이 추가되면서, 생각이 같은 사람들끼리 커뮤니티를 만들 수도 있게 되었어요.

처음에는 개인적인 일기장 같았던 블로그였지만, 그 편리함과 솔직함 덕분에 규모가 큰 정보 네트워크로 성장하게 되었어요.

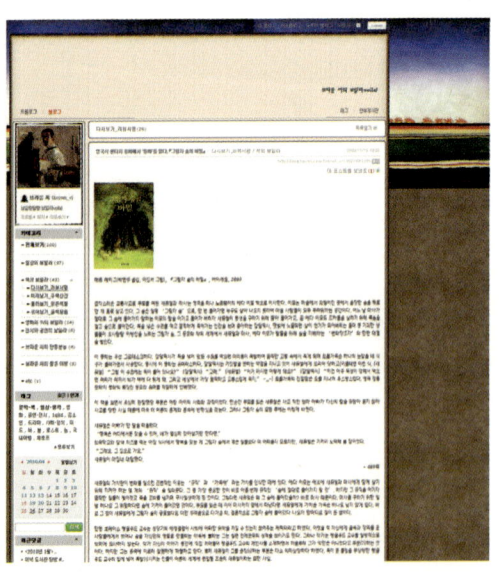

책 관련 블로그
블로그는 그동안 매스 미디어가 담당해 온 정보의 생산과 유통을 개인도 할 수 있게 되었다는 점에서 대안 언론으로서 주목 받고 있지요.

쌍방향 미디어의 등장 '인터넷'

인터넷은 전 세계의 컴퓨터가 거미줄처럼 연결되어 누구나 정보를 교환할 수 있는 거대한 컴퓨터 통신망을 말합니다. 1969년 미국에서 처음으로 사용된 인터넷은 처음에는 군사적 목적으로 쓰이다가, 1990년 이후부터는 일반 사람들이 사용할 수 있게 되면서 새로운 미디어 매체로 등장했어요.

인터넷은 사람들에게 많은 편리를 가져다 주어요. 우체국에 가지 않고도 이메일로 편지를 보낼 수 있고, 도서관에 가지 않고도 필요한 정보를 찾을 수 있죠. 또 전화 대신 온라인 메신저로 대화를 나눌 수 있고, 상점에 가지 않고도 필요한 물건을 살 수 있죠.

하지만 무엇보다 중요한 특징은 인터넷이 쌍방향 미디어라는 점이에요. 텔레비전이나 신문 같은 다른 미디어들은 전하고자 하는 정보나 내용을 일방적으로 전달하기만 하지만, 인터넷은 누구나 정보와 의견을 주고 받을 수 있어요.

새로운 미디어로 등장한 인터넷

미디어 소식   제23호

시민을 뉴스 생산자로 만든 '인터넷 언론'

인터넷 신문처럼 인터넷 연결을 통해 중요한 사건이나 현상에 대한 정보와 의견을 대중에게 전달하는 활동을 '인터넷 언론' 또는 '인터넷 저널리즘'이라고 해요.

우리나라의 대표적인 인터넷 신문으로는 2000년에 창간한 〈오마이뉴스〉(http://www.ohmynews.com)를 들 수 있어요. 〈오마이뉴스〉는 '모든 시민이 기자'라는 목표 아래 일반 시민들이 기자로 참여할 수 있게 했어요. 일반 시민들이 기자가 되다 보니 대다수의 보통 사람들이 궁금증을 갖는 사회적 쟁점이나 관심사를 중심으로 기자와 독자, 독자와 독자 간의 의견 교환이 활발하게 이루어졌어요.

쌍방향 미디어라는 인터넷 신문답게 시민들은 언제나 게시판을 통해 자신의 의견이나 견해를 밝힐 수 있어요. 그래서 동시에 기사를 쓰고, 기사를 전달하고, 기사에 대해 토론할 수 있지요. 그리고 기존의 언론에서 자주 관심을 갖지 못하는 가난한 사람, 노인, 이주 노동자와 같은 사회적 약자들도 인터넷 신문을 통해 자신들의 주장과 의견을 전할 수 있습니다.

인터넷 신문을 통해 문제에 대한 시민들의 관심과 토론이 활발하게 이루어져 시민들은 공공의 문제를 해결하는 데 참여자가 될 수 있어요. 하지만 누구나 기사를 올리다 보니, 근거 없는 거짓 기사나 한쪽에 치우친 주장과 가치관을 담은 객관적이지 못한 기사가 많아질 수도 있다는 점에서 독자들은 적절한 판단력을 갖추어야 해요.

24. 전자 민주주의
인터넷으로 정치에 참여해 보아요!

1989년 2월, 미국 캘리포니아 주의 산타모니카 시는 지역 네트워크, '펜(PEN: Public Electronic Network)'을 운영하기 시작했어요. PEN이 뭐냐고요? 그것은 시의회 회의록, 각 부처 보고서, 시립도서관 소장 목록 등을 공공건물의 컴퓨터나 개인용 컴퓨터를 통해서 누구나 정보를 얻을 수 있고 관계자에게 질문을 할 수 있게 만든 컴퓨터 통신 장치예요.

그 밖에도 다양한 정보를 얻을 수 있도록 해 주는 링크(두 개의 프로그램을 연결시키는 일), 시민들이 다른 시민들이나 시 관계자와 만나게 해 주는 우편방, 시민들이 다양한 주제로 의견을 나눌 수 있는 전자 회의실 등을 운영했지요. 시의 운영 담당자는 주민의 문의에 대해 24시간 안에 대답을 해 주어야 하지요.

이 PEN 네트워크 장치가 마련되자, 시와 시민들 사이에 의견

교환이 활발하게 일어났어요. 사람들이 대개 가까이하기 꺼리는 노숙인 문제에 대해서는 이런 의견이 올라왔어요.

"노숙인도 우리의 이웃이에요. 노숙인을 위한 샤워실과 세탁실, 짐을 맡길 수 있는 보관실을 마련해 주어야 합니다."

이 의견에 여러 사람들이 자기 의견을 보탰어요.

"노숙인을 위한 편의 시설을 만드는 데 찬성이에요. 노숙인의 몸이 깨끗해지면 일자리를 구할 수 있을지도 몰라요."

많은 시민들이 노숙인 문제에 관심을 가지고 PEN에 의견을 올렸고, 결국 산타모니카 시는 노숙인을 위한 30여 개의 편의 시설을 만들었습니다.

이렇게 많은 사람들이 PEN을 통해 다양한 토론에 참여했고, PEN에서 벌어진 토론은 시의 정책을 결정하는 데 영향을 미쳤어요. 시민들도 긍정적으로 평가했어요.

"PEN이 있어서 시민들끼리 의견을 나눌 수 있고, 시민들과 시 정부 간에 소통이 활발해지니까 우리 산타모니카가 점점 더 살기 좋은 곳이 되는 것 같아."

하지만 시간이 지날수록 시민들과 공무원들의 참가가 줄어들고, 다른 사람을 험담하는 글이 자주 올라오고, 토론 내용의 수준이 처음에 비해

떨어지는 부정적인 모습이 나타나기 시작했어요.

그래도 산타모니카 시 의회는 표현의 자유를 중요하게 여겨서 올라오는 내용을 삭제하거나 잘못된 내용을 올리는 사람을 탈퇴시키지 않고, 온라인 공간에서 서로가 예의를 지키고 올바르게 이용할 수 있도록 유도했어요.

그 결과, 산타모니카 시의 PEN은 전자 민주주의의 실험적 선례로 평가받고 있답니다.

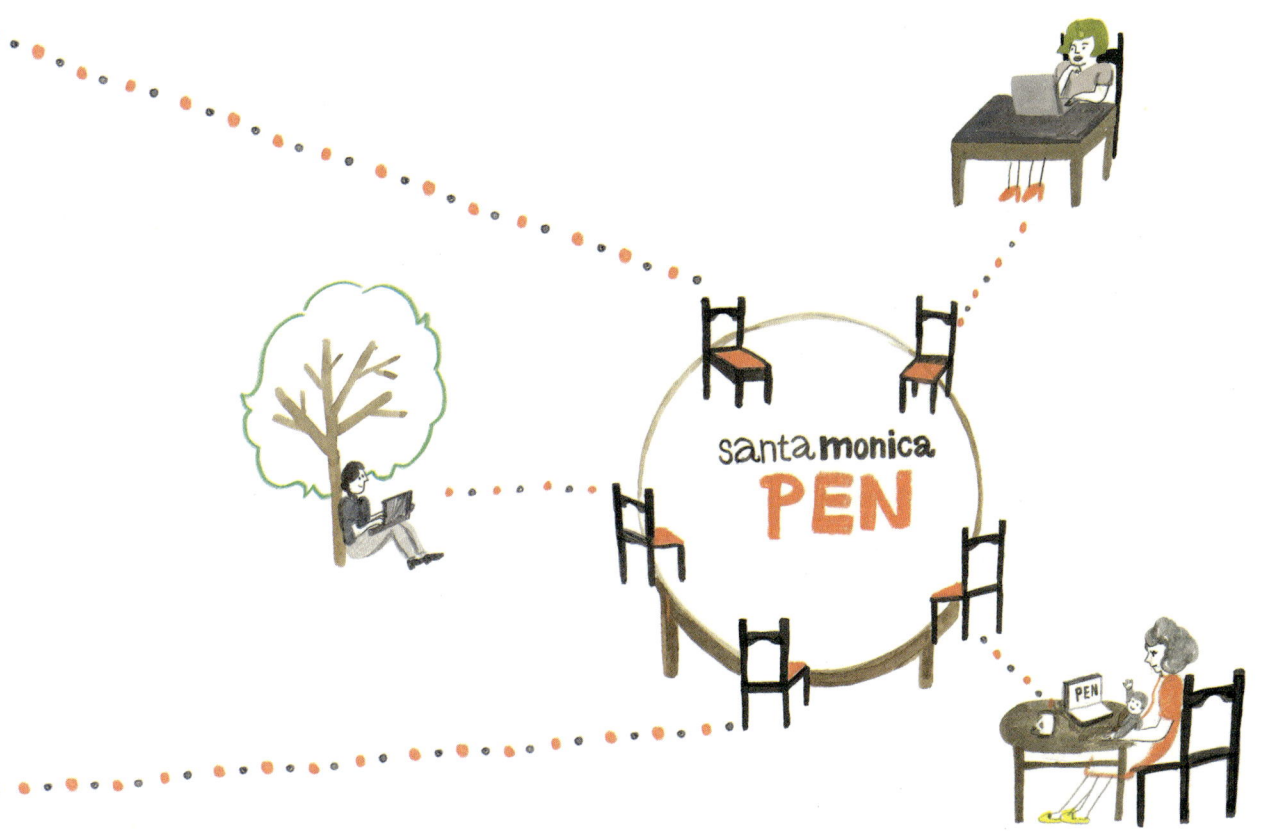

'전자 민주주의'가 뭐예요?

산타모니카 시의 PEN처럼 시민이 인터넷을 이용해서 적극적으로 정치에 참여하는 것을 '전자 민주주의'라고 합니다.

인터넷은 가상 공간이기 때문에 시간과 공간의 제약이 없어요. 여론 수렴, 선거 캠페인과 홍보, 온라인 투표, 사이버 국회, 전자 공청회, 정책 결정에 따른 시민의 참여와 토론, 자신이 지지하는 후보나 정책 등 다른 사람들에게 알리는 여러 정치적 행위 등이 언제 어디에서나 이루어질 수 있지요.

오늘날, 대부분의 나라에서는 시민들이 투표를 하여 자신들의 대표를 뽑아 정치를 담당하게 만드는 간접 민주주의 정치를 하고 있어요. 그러다 보니, '정치는 정치가나 하는 것'이라며 시민들이 정치에 무관심해지기도 쉽고요.

그러나 전자 민주주의는 시민의 참여를 유도할 수 있어서 그런 문제를 해결할 수 있어요.

산타모니카의 PEN 사이트
오늘날 시민 한 사람 한 사람이 정치에 참여하기 어렵고 몇몇 소수의 사람들만 정치에 참여하게 되어 있어서 정치 참여에 소홀해지기가 쉬워요.
하지만 산타모니카 시의 PEN처럼, 사이버 공간이 새로운 정치 참여의 장으로 쓰이면 국민들의 정치 참여가 한결 손쉬워지지요.

'전자 민주주의'의 문제점은 없나요?

산타모니카 시의 PEN은 전자 민주주의의 가능성을 보여 줬지만 갈수록 문제점이 드러나기 시작했어요. 워낙 다수의 사람들이 참여하다 보니, 개개인의 생각이나 입장에 차이가 있어요. 그런데 인터넷의 특성상 얼굴을 마주 보고 이야기하는 것이 아니라 가상의 공간에서 글로 이야기하는 것이기 때문에 조심해서 의사소통을 하지 않으면 오해나 다툼을 불러올 수 있어요. 따라서 전자 민주주의가 성공적으로 발전하기 위해서는 다음과 같은 점을 조심해야 해요.

우선 다른 사람을 존중하고 배려할 줄 알아야 해요. 서로를 존중하지 않으면 활발한 의사소통이 힘들어요. 또, 쓸데없는 정보와 잘못된 정보가 넘치기 때문에, 필요한 정보 중에 정확한 내용을 골라내는 일도 중요해요. 수많은 정보들을 비판 없이 그냥 받아들이기만 하면 잘못된 정보로 피해를 받을 수 있어요. 따라서 다각적으로 정보를 살피고 논리적으로 현명한 판단을 내리는 것이 중요하지요.

인터넷은 익명의 세계
익명은 이름을 숨긴다는 뜻입니다. 인터넷 세상에서는 자신의 이름을 밝히지 않고도 활동할 수 있어요. 그런데 이런 익명성의 가면 뒤에 숨어 언어 폭력을 행하는 일이 벌어지기도 해요.

인터넷 네트워크의 힘이 드러난 촛불 집회

2002년 6월, 경기도 양주시의 지방 도로에서 두 명의 여중생이 미군 장갑차에 깔려 숨지는 일이 일어났어요. 하지만 그 당시 우리나라 사람들은 2002년 월드컵 축구 대회와 제16대 대통령 선거의 열기에 빠져 있어서, 이 사건에 대해서 잘 알지 못했어요.

그러던 중 '앙마'라는 아이디를 가진 한 네티즌이 인터넷 게시판에 두 여중생을 추모하는 행사를 제안했어요. 이 제안은 인터넷을 통해 퍼져 나가 그해 11월 처음으로 서울의 광화문에서 대규모 촛불 집회가 열렸습니다.

처음에는 단순한 추모 집회였지만 사고를 낸 미군에게 무죄 판결이 내려지면서 반미 집회로 바뀌었어요. 인터넷을 통해 정보를 얻고 스스로 모여든 시민들은 여중생 사망의 정확한 원인을 밝혀내고 불평등한 한미행정협정(주한 미군에 대한 한국과 미국 사이의 협정)을 고쳐야 한다고 외치기 시작했어요. 전국으로 퍼져 나간 이 촛불 집회는 평화적으로 치러졌기 때문에 국민들로부터 큰 지지를 얻었어요.

촛불 집회는 제16대 대통령 선거와 2004년 3월 노무현 전대통령 탄핵 사건, 2008년 미국산 쇠고기 수입 반대 같은 중요한 사건에 큰 영향을 미쳤어요. 이 모든 촛불 집회들이 인터넷에 게시된 한 페이지짜리 게시물에서 시작되었다는 것은, 인터넷 네트워크가 가진 숨은 힘을 보여 줍니다.

25. 매스 미디어와 윤리

국가의 이익이냐, 진실이냐?
그것이 문제로다

2005년 11월, 문화방송(MBC)의 시사 프로그램 〈PD 수첩〉에서 황우석 교수의 배아 줄기세포 연구에 관한 의혹을 제기했습니다. 실험 논문이 조작되었을 수 있다는 의혹이었지요.

당시 황우석 교수가 연구하는 배아 줄기세포 연구는 우리나라는 물론이고 세계적으로도 관심이 높았어요. 줄기세포를 이용해 난치병(고치기 힘든 병)을 고칠 수 있다는 희망이 비치고 있어서 많은 사람들이 큰 기대를 걸고 있었지요. 그로 인한 경제적 가치도 무시할 수도 없었고요. 그런데 그 줄기세포 연구가 조작된 실험을 바탕으로 한 것일지도 모른다는 의문이 제기되었으니, 세상이 들끓을 만했습니다.

"줄기세포 연구에 이용된 난자 중에는 돈을 주고 산 난자도 있대. 인체 조직을 사고파는 건 생명의 소중함을 해치는 잘못된 일이야."

"황우석 교수가 연구하는 줄기세포는 난치병 환자들의 희망이었어. 그런데 사람의 난자로 배아 줄기세포를 배양하는 데 성공한 게 아니란 말이야?"

하지만 국민의 기대를 한 몸에 받았던 황우석 교수를 두둔하는 의견도 만만치 않았어요.

"〈PD 수첩〉이 황우석 교수의 연구를 더 지켜봤어야 했어. 줄기세포 연구가 중단되면 우리나라에 큰 손해라는 걸 모르나 봐. 그동안의 연구 성과를 다른 나라에 뺏기게 생겼어."

황우석 교수를 편드는 국민들과 언론은 일제히 〈PD 수첩〉을 공격했고, 비난 여론 때문에 〈PD 수첩〉에 붙었던 광고 계약이 취소되는 상황이 벌어졌어요. 하지만 〈PD 수첩〉은 비난 여론 속에서도 취재를 멈추지 않았어요. 그후 줄기세포 연구에 관련된 사람들의 증언과 국내외 전문가들의 철저한 검증 작업을 통해 황우석 교수의 논문 조작이 결국 사실로 밝혀졌습니다.

하지만 〈PD 수첩〉을 비난하는 여론은 오랫동안 그치지 않았어요. 〈PD 수첩〉이 국가의 이익을 위해서 황우석 교수 연구의 문제점을 보도하지 않았어야 했다는 비난까지 나왔어요. 과연 진실보다 나라의 이익이 더 중요한 걸까요? 난치병 치료와 막대한 경제적 이익을 위해서라면 과정은 어떻든 상관이 없을까요?

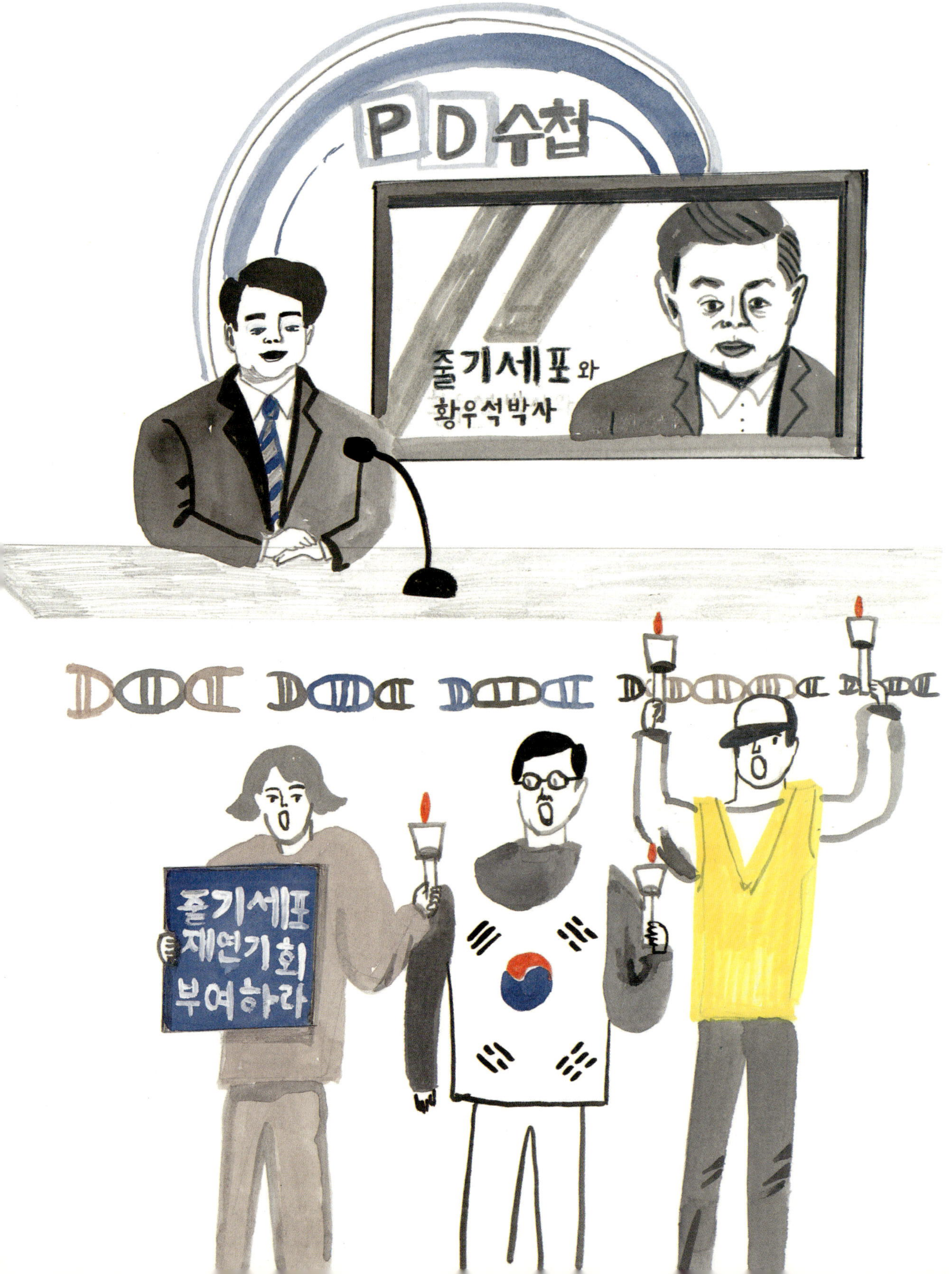
PD수첩
줄기세포와
황우석박사
줄기세포
재연기회
부여하라

'배아 줄기세포' 연구가 뭐예요?

배아 줄기세포 연구는 질병을 치료하는 데 배아 줄기세포를 유용하게 쓸 수 있는 기술을 개발하는 연구입니다.

인간의 정자와 난자가 만나 수정이 되면, 수정란은 세포 분열을 통해 여러 개의 세포로 이루어진 배아가 되어요. 배아의 세포가 계속 분열해서 뼈, 피부, 혈액, 근육 등을 만들고 결국 태아가 되지요. 그런데 배아 상태일 때, 배아 속에서 세포를 빼내 특수한 처리를 하면 원하는 조직의 세포로 자라게 할 수 있어요. 이것이 바로 '배아 줄기세포'예요.

이를테면, 백혈구가 부족한 백혈병 환자에게 다른 사람의 배아 줄기세포에서 분화시킨 조혈모 세포를 이식하면 다시 혈구 세포가 생겨나 병을 치료할 수 있다고 하지요.

그렇기 때문에 윤리적인 논란이 많음에도 여러 과학자들이 관심을 가지고 연구에 도전하고 있답니다.

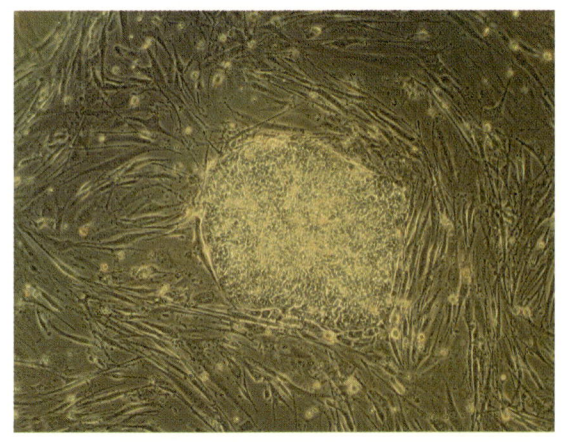

무궁무진한 쓰임새가 있을 것으로 추측되는 배아 줄기세포

국익이냐, 진실 보도냐?

황우석 교수 사건이 벌어졌을 때 일부 사람들은 이렇게 주장했어요. "국가의 이익을 위해서 언론의 보도가 어느 정도 제한되어야 한다."는 의견이었지요.

그런 경우가 있기는 합니다. 예를 들어 전쟁이 일어났을 때, 중요한 정보가 적에게 흘러 들어가면 전쟁터의 군인과 국민의 목숨이 위태로워질 수 있어요. 그러면 언론의 보도를 막기도 하지요.

하지만 과연 국가의 이익이 모든 것에 우선하는지에 대해서 곰곰이 생각해 봐야 해요. 히틀러와 나치스의 예에서 보듯이, 정부나 권력을 가진 사람들이 일부의 이익을 국익으로 포장해 보도 제한을 악용할 수도 있습니다. 또, 국가의 이익을 위해서 언론의 보도를 제한한다는 것은 '국가의 이익이 개인의 인권이나 자유보다 중요하다.'라는 잘못된 생각을 하게 만들 수도 있고요.

그리고 아무리 국익을 위해서라지만 거짓말을 감싼다면, 우리나라를 바라보는 세계의 시선은 불신으로 가득할 것입니다. 이는 길게 보면 도리어 국가의 이익을 해치는 일이 될 수 있지 않겠어요?

미디어 소식 　　　　　　　　　　　　　　　　　　　　　제25호

진실 보도와 취재 윤리

올바른 보도를 위해서 언론인이 취재할 때 지켜야 할 일들이 있어요. 첫째, 진실을 알리기 위해서 정확한 내용을 취재해야 합니다. 둘째, 거짓된 내용을 전하면 안 됩니다. 셋째, 취재를 당하는 사람의 인권을 보호해야 합니다. 넷째, 속임수를 써서 취재하는 것은 옳지 않습니다. 이런 내용을 취재 윤리라고 하지요. 그런데 언론인들은 가끔 진실 보도와 취재 윤리 사이에서 갈등을 겪기도 해요.

1992년 미국 ABC 방송의 〈프라임 타임 라이브〉는 한 슈퍼마켓 체인점에서 상한 고기와 쥐가 파먹은 치즈 같은 불량 식품을 판매하는 상황을 취재하고 싶었어요. 그래서 프로듀서 2명이 거짓으로 이곳에 취직을 했지요. 덕분에 성공적으로 기사를 취재할 수 있었지만, 〈프라임 타임 라이브〉 제작진은 무단 침입죄로 고소당했고 유죄 선고를 받았어요. 아무리 많은 사람의 건강을 위해서라지만, 거짓을 이용해서 취재하는 것은 개인의 사생활과 인권 침해 등 여러 문제를 낳을 수 있기 때문에 유죄 선고를 받은 거예요.

황우석 교수 연구의 문제점을 밝혀냈던 〈PD 수첩〉도 취재 과정에서 취재 윤리를 어긴 일이 논란이 되었어요. 연구원에게 취재 협조를 설득하는 과정에서, 황우석 교수가 곧 구속되고 연구원들도 검찰에서 수사를 받을 것이라는 협박을 했고 인터뷰할 때 사전에 허락을 받지 않고 몰래 카메라로 찍었다고 해요. 〈PD 수첩〉의 제작진은 취재 윤리를 지키지 못한 것에 대해서 잘못을 뉘우치고 사과 방송을 했어요.

아무리 진실을 밝히기 위해서라지만, 옳지 못한 방법으로 취재하는 일은 없어져야 합니다.

26. 미디어와 편견

백인은 착하고 유색 인종은 악당이다?

〈인어공주〉, 〈미녀와 야수〉, 〈라이온 킹〉, 〈알라딘〉, 〈뮬란〉을 아세요? 그래요. 바로 어린이들에게 인기 있는 디즈니 애니메이션입니다. 이 애니메이션들은 전래 동화, 신화, 민담처럼 그동안 전해 내려오던 이야기들을 바탕으로 만들어졌어요. 그런데 찬찬히 잘 살펴보면 다음과 같은 공통점이 있다는 것을 알 수 있어요.

"〈알라딘〉의 쟈파와 〈뮬란〉의 훈족, 〈라이온 킹〉의 스카와 하이에나처럼 디즈니 애니메이션에 등장하는 악당들은 모두 피부색이나 털 색깔이 진해. 왜 그럴까?"

"미국인 중에는 흑인들도 많은데, 주인공은 모두 백인이야. 좀 이상하지 않아?"

"주인공들은 다 예쁘고 잘생겼어. 못생긴 주인공도 있을 수 있잖아?"

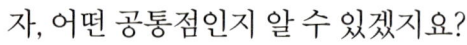

자, 어떤 공통점인지 알 수 있겠지요?

디즈니 애니메이션에서 쉽게 드러나는 문제 중의 하나는 '인종과 외모를 차별하는 가치관'입니다. 디즈니 애니메이션에 등장하는 대부분의 사람은 백인이고 주인공은 특히 외모가 뛰어난 백인이에요. 별것 아닌 것처럼 느껴질지 모르지만, 아직 가치관이 제대로 형성되지 않은 아이들이 이런 내용의 애니메이션을 보다 보면, 백인이 다른 인종들보다 뛰어나고 외모도 제일 예쁘다는 잘못된 편견을 가질 수 있어요. 또 내용의 왜곡도 문제가 되어요.

"〈인어공주〉의 원래 이야기에서 인어 공주는 죽는데, 디즈니 애니메이션에서는 왕자와 결혼하는 행복한 결말이야. 디즈니 애니메이션은 모두 그렇게 행복하게 끝이 나."

디즈니 애니메이션에서는 주인공은 행복하게, 주인공을 괴롭히던 악당은 죽거나 벌을 받는 이야기로 끝나요. 그게 뭐가 나쁘냐고 할지도 모르겠지만, 이는 디즈니 애니메이션을 만드는 미국에 대한 환상을 심어 주는 요소가 될 수 있어요. 세계 각국의 많은 어린이들이 미국도 디즈니 애니메이션처럼, 행복한 삶을 살 수 있는 좋은 나라라는 느낌을 갖게 되는 것이죠.

　이런 애니메이션을 즐겨 보면 애니메이션 속 가치관을 아무 비판 없이 받아들이게 되어요. 그래서 까만 머리에 까만 눈동자를 지닌 우리나라 아이들이 자신들보다 금발에 흰 피부, 파란 눈동자를 지닌 아이가 더 예쁘다고 느끼고, 미국이 정말 잘살고 좋은 나라라고 생각할 수 있어요. 이런 생각들은 곧 금발에 푸른 눈도 아니고 한국에 사는 자신에 대한 열등감으로 변할 수 있고요.

　이렇듯 미디어의 잘못된 가치관은 한쪽 면만 보고 판단하는 편견과 선입견을 만들 수 있어요.

'스테레오 타입'이 뭐예요?

　스테레오 타입이란 '사람들이 공통적으로 가진 비슷한 생각, 즉 고정 관념'을 말해요. 고정 관념은 사람을 매우 단순하게 만듭니다. 사람들은 빼빼 마른 사람을 보면 몸이 약할 것 같다고 생각하지만, 마라톤 선수는 말라도 아주 튼튼하지요.

　이렇게 고정 관념은 사물의 본모습을 가리는 역할을 해요. 그래서 외모가 멋진 주인공이 못생긴 악당을 물리치는 내용의 영화나 애니메이션을 자주 보다 보면, 자기도 모르게 외모가 예쁜 어린아이는 착할 것 같고 못생긴 아이는 성격도 못될 것 같다고 생각할 수 있어요. 현실이 꼭 그렇지는 않은데도요. 따라서 외모나 다른 겉모습보다는 그 사람이나 사물의 본질을 알아보는 눈이 중요해요.

　마찬가지로 많은 사람에게 영향을 주는 매스 미디어가 사람들의 고정 관념에 맞춘 이야기를 자꾸 반복하면 많은 사람들에게 잘못된 가치관을 심어 줄 수 있어요.

크레용에 살색은 없다

색색깔 크레용에 '살색'이 없다는 사실을 알고 있나요? 2001년 11월, 외국인 4명과 우리나라 신부님 한 분이 크레용에 표기된 살색은 평등권을 침해할 수 있다는 주장을 했어요. 크레용이나 물감의 살색은 황인종 사람의 피부색에는 맞지만 검거나 희거나 붉은 피부를 지닌 사람에게는 맞지 않아요. 그러므로 이 '살색'이란 용어가 인종 차별을 불러올 수 있다는 것이죠. 그래서 국가인권위원회에서는 살색이란 용어를 '살구색'으로 바꿨어요. 우리가 무심코 쓰는 '살색'이란 용어에도 이런 불평등한 가치관이 숨어 있었던 거예요.

디즈니 애니메이션을 패러디한 〈슈렉〉

　2001년 미국의 드림웍스사가 만든 〈슈렉〉은 여느 애니메이션과 다른 새로운 내용으로 시선을 모았어요.

　〈슈렉〉의 주인공은 무척 못생기고 뚱뚱하고 똑똑하지도 못한 괴물이에요. 괴물 슈렉과 사랑하는 피오나 공주는 말괄량이에다가 마법에 걸려서 밤에는 못생긴 모습으로 변하지요. 나중에 슈렉의 입맞춤을 받고 마법이 풀리지만, 예쁜 공주가 될 것이라는 예상과 달리 못생긴 모습으로 살게 돼요. 하지만 그래서 오히려 사랑하는 슈렉과 행복한 결말을 맞게 되지요.

　〈슈렉〉의 색다른 설정은 바로 스테레오 타입으로 가득한 디즈니 애니메이션을 패러디하는 방법으로 비판하고 있습니다. 패러디는 이미 만들어진 영화나 드라마 등의 장면을 익살스럽게 바꾸어서 표현하는 것을 말해요. 등장인물 중 프린스 차밍이 잘생긴 금발 백인 남성이지만, 피오나 공주와 결혼해서 왕위를 이으려는 욕심쟁이에 엄마 말에 꼼짝 못하는 마마보이로 나오는 것처럼요. 이런 익살스러운 패러디는 많은 사람들에게 〈슈렉〉을 통해 디즈니 애니메이션이 가진 문제를 다시 생각하게 만들었어요.

매스 미디어 속의 여성에 대한 편견

디즈니 애니메이션에 등장하는 여주인공들은 모두 예쁘고 착합니다. 악당에 쫓기는 고난을 좀 겪다가 왕자 같은 멋진 사람들과 사랑에 빠지지요. 백마 탄 왕자가 나타나 위험에 빠진 예쁜 공주를 구하고 사랑에 빠진다는 이야기는 디즈니 애니메이션뿐만 아니라, 드라마와 영화, 광고 속에서도 자주 등장하는 설정이에요. 하지만 이런 이야기들은 여성에 대한 편견을 줄 수 있습니다. 즉, 예쁘지만 힘없고 착한 여성이 잘생기고 능력 있는 남자를 만나 행복해진다는 편견이죠.

여성에 대한 편견은 결국 여성 차별로 이어집니다. "여자가 능력 있어서 뭐하나 예쁘기만 하면 되지.", "착하지 않으면 좋은 남자랑 결혼 못 해.", "여자는 믿음직하지 못하니 남자로 바꿔." 같은 말들을 사람들은 너무나 쉽게 하곤 하지요. 그래서 남성보다 능력 있고 똑똑한 여성이 제대로 대우받지 못하기도 해요.

이렇듯 매스 미디어가 전달하는 왜곡된 여성의 이미지는 어린이와 청소년에게 더 심각한 영향을 줍니다. 어린이와 청소년은 매스 미디어의 내용을 비판 없이 그대로 받아들이기 때문이지요. 매스 미디어가 여성에 대해서 올바로 표현할 수 있도록 매스 미디어의 내용을 감시하고 비판하는 기구를 만들고, 여성 스스로 매스 미디어를 만드는 일에 적극적으로 진출해서 여성에 대한 편견을 바꿔 나가는 노력이 필요합니다.

멋진 남자를 만날 때까지 여자는 잠만 자야 할까요?

27. 미디어와 어린이
어린이 눈높이에 맞춘 〈어린이 뉴스〉

　유럽의 여러 나라에서는 오래전부터 〈어린이 뉴스〉에 관심을 가지고 프로그램을 만들고 있습니다. 유럽의 대표적인 〈어린이 뉴스〉 프로그램으로는 영국 BBC 방송국의 〈뉴스 라운드〉와 BBC 웨일즈의 〈파일〉, 독일 ZDF의 〈로고〉, 네덜란드의 NOS의 〈요크 저날〉을 손꼽을 수 있어요. 어린이 뉴스 프로그램이 꽤 많지만 처음부터 환영을 받았던 것은 아니에요.
　"삶의 경험이 부족한 어린이들이 복잡한 세상에 대해서 이해하는 게 어렵지 않을까요?"
　"무서운 사건 사고를 접하는 건 어린이들에게 심한 스트레스를 줄 것 같아요."
　하지만 어린이도 사회를 이루는 한 사람으로 우리가 살아가는 세상에 관심을 가지고 정확히 아는 것이 필요하다는 데 많은 사람들의 의견이 모아졌어요. 그리고 막상 뉴스 프로그램이 시작되자 어린이들의 반응이 뜨거웠습니다.

"뉴스 배경 음악이 경쾌하고 빨라서 좋아요. 뉴스 화면 구성도 재미있게 되어 있어요."

"기업 운영이나 국회 의원 선거처럼 복잡한 기사를 보도할 때 컴퓨터 그래픽으로 알기 쉽게 설명해 줘서 이해가 잘돼요."

"여러 명의 진행자들이 나와서 우리들이 알기 쉽게 대화하는 형식으로 뉴스를 들려줘요. 이젠 뉴스가 어렵지 않고, 부모님과 뉴스에 대한 대화도 자주 나눌 수 있어요."

8세에서 12세 어린이를 대상으로 매일 5분에서 10분간 방송되는 유럽의 〈어린이 뉴스〉 프로그램들은 이처럼 다양한 노력으로 많은 어린이들에게 뉴스를 전달하고 있어요.

우리나라에도 〈어린이 뉴스〉 프로그램이 없었던 것은 아니지만, 어린이의 눈높이에 맞춘 뉴스를 다룬다는 목적을 잘 살리지 못하고 종영되었습니다.

어린이들도 세상 돌아가는 이치를 알 권리가 있어요. 미래를 이끌어 갈 어린이들이 세상을 넓고 깊게 바라볼 수 있도록 도와주는 〈어린이 뉴스〉가 우리나라에서도 빨리 만들어지길 기대해 봅니다.

어린이를 보호하는 '프로그램 등급제'

텔레비전 프로그램을 시청할 때, 텔레비전 화면의 오른쪽 상단에 숫자가 쓰인 동그라미를 볼 수 있어요. 흰색 테두리 노란색 바탕의 동그라미 속에는 7, 12, 15, 19의 숫자가 들어갑니다. 바로 시청 가능한 연령을 알려 주는 표시이지요.

예를 들어 12가 쓰인 동그라미는 12세 이상의 나이가 되어야 시청하는 것이 좋고, 12세 미만의 어린이들이 시청하기에는 적당하지 않은 프로그램이라는 뜻이에요.

이렇게 나이에 따라 시청 가능한 프로그램을 정하는 것을 프로그램 등급제라고 해요. 프로그램에 등급을 매기는 까닭은 시청 지도를 통해 해로운 프로그램으로부터 어린이와 청소년을 보호하기 위해서입니다.

〈어린이 뉴스〉처럼 어린이들에게 도움이 되는 프로그램을 만드는 것뿐만 아니라, 해로운 내용으로부터 어린이들을 보호하는 것도 매스 미디어가 해야 할 중요한 일이에요.

12세 이상 시청 가능을 표시한 프로그램 등급제 표시

어린이에게 '미디어 교육'이 필요하다고요?

미디어 교육은 사람들에게 미디어를 보는 올바른 눈을 키워 주는 교육입니다. 사람들이 미디어를 통해 접하게 되는 정보들을 제대로 분석해서 올바른 판단을 내리도록 돕는 교육이죠.

미디어 교육은 미디어 정보들을 잘 파악할 수 있도록 미디어의 특성과 영향력에 대해 알려 주고, 미디어의 창의적이고 예술적인 부분을 볼 줄 아는 미적 안목을 키워 줍니다.

특히 어린이들에게 미디어 교육이 필요한 이유는 우리의 삶이 한시도 미디어와 떨어져 살 수 없기 때문입니다. 어려서부터 미디어를 감시하고 비판하는 능력을 가져야 미디어의 영향력에 휘둘리지 않을 수 있어요. 나아가서 미디어를 개선하고 미디어 정책을 세우는 데 힘을 보태게 함으로써 참여 정신이 자라고 민주 시민으로 성장할 수 있어요.

인터넷을 이용하는 어린이
미디어 교육을 잘 받으면 미디어의 상업적이고 자극적인 문제점을 비판하고 좋은 내용과 나쁜 내용을 구별할 수 있게 되고, 미디어가 전해 주는 유익한 정보를 잘 활용할 수 있게 되지요.

미디어 소식 제27호

'어린이 방송 규제 운동'

1968년 미국 보스턴의 한 여성 단체에서 어린이 프로그램의 내용을 개선하기 위해 '어린이 방송 규제 운동'이라는 모임을 만들었어요.

어린이 방송 규제 운동이 처음으로 관심을 가진 분야는 어린이 프로그램의 광고 문제였어요. 이 모임은 어린이 프로그램에서 광고를 금지해 달라고 방송사에 요청했어요. 어른들은 광고의 과장된 내용을 판단하고 소비를 조절할 수 있지만, 어린이는 광고의 내용을 그대로 받아들여 여러 문제를 일으킬 수 있다는 이유 때문이었습니다.

어린이를 대상으로 한 광고에는 스낵과 시리얼, 장난감 같은 광고가 많아요. 영양이 고르지 않은데도 어린이는 광고에서 본 음식을 먹고 싶어 하지요. 또 꼭 필요하지 않은데도 장난감을 자주 사 달라고 졸라 낭비를 늘리고, 아이들과 부모가 부딪치는 일이 많아져 가정의 화목을 위해서도 도움이 되지 않는다는 거예요.

이런 어린이 방송 규제 운동의 노력 덕분에 어린이 프로그램의 상업 광고가 많이 줄었고, 어린이에게 해로운 상품 광고는 금지되었어요. 어린이 방송 규제 운동은 이에 만족하지 않고 적극적으로 활동 영역을 넓혀서, 어린이 프로그램의 조사와 평가, 어린이를 위한 다양하고 수준 높은 프로그램 제작, 미디어 지침서 개발, 각종 교육 등을 진행하는 전국 규모의 시민 단체로 성장했습니다.

28. 시민 언론 운동

〈뽀뽀뽀〉를 방송 안 하면
나도 텔레비전 안 봐!

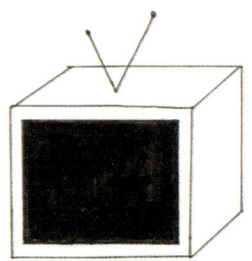

1993년 서울 YMCA '시청자 시민운동 본부'는 텔레비전 끄기 운동을 벌였어요. 이 운동의 발단은 문화방송(MBC)이 봄철 개편을 맞아 일일 유아 프로그램인 〈뽀뽀뽀〉를 주말 1회만 방송하기로 결정한 것에서 시작됩니다.

"어린이를 위한 프로그램이 부족한 상황에서 〈뽀뽀뽀〉까지 방송 시간을 줄이면, 우리 어린이들은 무엇을 봐야 하나요?"

"시청률이 낮다고 어린이들이 즐겨 보는 〈뽀뽀뽀〉의 방송 시간을 줄이는 것은 방송의 공공성을 해치는 일이에요."

시청자 시민운동 본부는 '〈뽀뽀뽀〉 평일 방송 되찾기 운동'을 통해 방송사에 적극적으로 항의했지만, 방송사의 결정 상황은 바뀌지 않았어요.

이에 대해 시청자 시민운동 본부는 토론회를 열어 방송의 문제점에 대해 이야기하기로 했어요.

"〈뽀뽀뽀〉의 예에서도 볼 수 있는 것처럼, 방송사들은 시청률이 높은 상업성 프로그램만 만들려고 해요. 이번 기회에 방송사들의 프로그램에 대해서 제대로 비판해야 해요."

"텔레비전은 오락 기능이 있지만, 그 외에도 정보를 전달하며 교육의 길을 열어 주는 기능도 있어요. 그런데 오락성만 강조하는 텔레비전은 제 기능을 다하지 못하는 겁니다. 그런 텔레비전은 보지 않겠어요."

시청자 시민운동 본부는 토론회를 연 결과, 시청률 경쟁의 문제점과 한쪽으로 치우친 방송 프로그램의 편파성을 지적했어요. 그리고 다른 한편으로는 텔레비전 끄기 운동을 진행했습니다.

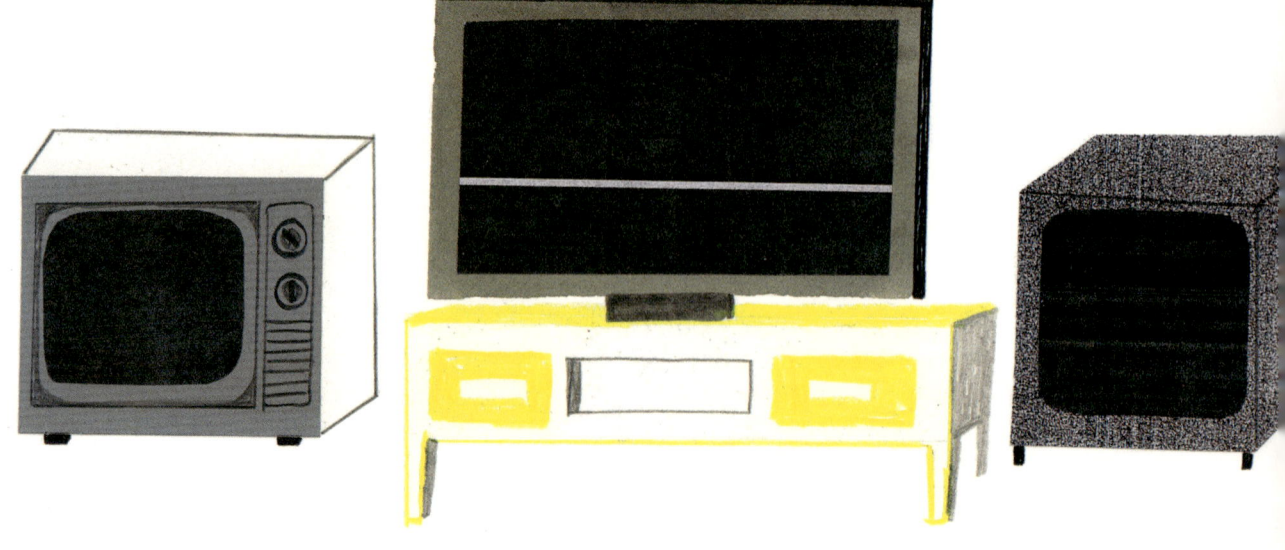

텔레비전 끄기 운동이 당장 큰 변화를 가져오지 못했지만, 사람들의 지속적인 문제 제기와 비판이 이어지자 방송사들도 귀를 기울이기 시작했어요. 공적인 프로그램을 늘리고, 자체 프로그램의 문제점을 개선하기 위한 방법들을 진지하게 고민하기 시작한 거예요.

텔레비전 끄기 운동은 소극적으로 텔레비전의 내용을 비판하기만 했던 시민들이 텔레비전의 문제점을 해결하기 위해 적극적으로 행동한 '시민 언론 운동'의 한 모습을 보여 주었습니다.

'시민 언론 운동'이 뭐예요?

　미디어를 이용하는 시민들이 미디어의 올바른 변화를 위해 적극적으로 목소리를 내고 행동하는 것을 '시민 언론 운동'이라고 합니다.

　우리나라의 시민 언론 운동은 1980년대부터 본격적으로 나타나기 시작했어요. 1986년의 '한국방송공사(KBS) 시청료 거부 운동'을 시작으로 언론 모니터(신문이나 텔레비전의 내용을 평가하는 것) 활동, 선거 보도 감시 운동, 텔레비전 끄기 운동, 국민이 주주가 되는 방송을 만드는 국민주 방송 설립 추진, 대안 미디어 설립 운동 등을 시민 언론 운동의 예로 들 수 있어요.

　시민 언론 운동은 일방적으로 미디어의 내용을 전달받기만 했던 시민들이 미디어의 내용을 비판하는 것을 넘어 미디어 생산에 참여하는 데까지 발전합니다. 1990년대 후반부터는 시민들의 참여로 만들어진 시민 미디어가 나와서, 표현의 자유를 높이고 있어요.

독립영화관 인디씨네
jinju media center

진주시민미디어 센터
진주 지역의 미디어 활동가들이 만든 시민 단체예요. 찾아가는 미디어 교육, 독립 영화 상영회, 영상 제작과 제작 지원 같은 활동을 통해 지역 안의 의사 소통에 앞장서고 있어요.

국민이 만든 신문을 아시나요?

1988년 5월, 우리나라에는 국민이 주주가 되어서 만든 신문이 창간되었어요. 2만 7,000여 명의 국민들이 자발적으로 모은 50억을 자본금으로 해서 만든 신문이 〈한겨레신문〉입니다.

1975년의 자유 언론 수호 운동과 1980년 언론 통폐합으로 해고당한 기자들이 중심이 되었고, 민주 사회를 만들기 위해 정권의 눈치를 보지 않고 비판할 수 있는 새 신문을 만들기 원했던 국민들이 힘을 합쳐 만든 신문사이지요.

〈한겨레신문〉은 개인이 아니라 여러 사람이 주인이 되는 신문이기 때문에, 더 다양한 내용과 의견을 담을 수 있었어요. 다른 신문에서 잘 다루지 않던 노동자, 농민, 빈민 같은 소외 계층과, 통일과 북한에 관련된 기사도 적극적으로 보도했어요. 그리고 일간 신문으로는 처음으로 한글 전용과 가로쓰기를 실시해서 보다 많은 사람들이 편하게 신문을 읽을 수 있도록 했어요.

〈한겨레신문〉은 국민 주주라는 새로운 시도에 많은 국민들이 자발적으로 참여하여 언론의 자유를 높이려 했다는 점에서, 시민 미디어의 좋은 본보기로 손꼽히고 있습니다.

미디어 소식 　　　　　　　　　　　　　　　　　　　　　　　　제28호

시민이 매스 미디어를 만들 수 있는 권리

매스 미디어의 출발을 알린 페니페이퍼가 나오기 시작한 때에는 적은 돈으로도 누구나 신문을 만들어 자신의 주장을 알릴 수 있었지요. 하지만 오늘날에는 엄청난 돈을 가지지 않고는 신문이나 방송을 만들 수가 없습니다. 과학이 발달하고 사회가 발전할수록 신문사나 방송사의 규모도 점점 커져서 기업화되었기 때문이지요. 그러다 보니 일반 시민들이 매스 미디어를 통해 의견과 주장을 자유롭게 표현하는 것이 어려워졌어요. 헌법이 보장하는 언론의 자유를 실현하기 위해서는, 일반 시민들도 매스 미디어를 만드는 일에 참여할 권리를 법적으로 보장해 주는 것이 필요해요. 그래서 등장하게 된 것이 '액세스권'입니다.

액세스권의 종류로는 반론권, 의견 광고, 투고, 방송 프로그램 참여 등을 들 수 있어요. 반론권은 신문이나 방송의 내용에 대해 문제점을 느끼거나 다른 의견을 가진 사람들이 신문이나 방송에 자신의 의견을 발표할 수 있는 권리입니다. 의견 광고와 투고는 개인이나 단체가 어떤 문제에 대한 자신의 의견을 광고나 원고를 통해 알리는 거예요. 방송의 프로그램 참여는 가장 적극적인 '액세스권'인데, 요즘에는 시민들이 직접 제작한 프로그램이 방송되는 경우가 늘고 있어요.

액세스 프로그램 방송은 시민들이 자유롭게 표현할 수 있고, 사회적 문제에 대해 다양한 의견을 나누고, 문제를 해결하기 위해 함께 고민할 수 있어요.

오늘날 인터넷 등을 통해 엑세스권을 사용할 수 있는 통로가 넓어졌어요.

29. 언론의 자유와 저항

옳다고 말하기 위해서라면 감금도 두렵지 않아요

2012년 4월 1일, 동남아시아에 있는 미얀마에서는 50년 만에 민주 선거가 치러졌습니다. 1962년 쿠데타로 정권을 잡은 미얀마의 군사 독재 정권이 50년 만에 민주 선거를 치르게 된 데에는 무엇보다 아웅 산 수 치의 헌신적인 민주화 운동이 큰 역할을 했습니다.

아웅 산 수 치는 미얀마 독립의 영웅인 아웅 산 장군의 딸로, 평범한 주부가 되어 영국에 살고 있었어요. 1988년에 어머니 병문안을 위해 미얀마에 돌아온 아웅 산 수 치는, 민주화를 요구하는 수천 명의 시위대에게 총격을 가한 군사 정권의 만행에 큰 충격을 받았습니다.

"국민 영웅 아웅 산의 따님이 나서서 군사 독재 정권을 무너뜨리고 새 세상을 만드는 데 힘이 되어 주세요."

아웅 산 수 치는 민주지사들과 함께 민주민족동맹을 만들고, 전국을 돌며 군사 독재 정권을 무너뜨리기 위해 최선을 다했어요. 자신들에게 저항하는 사람들을 체포하거나 살해하면서 강하게 탄압했던 군사 독재 정권은 국민들의 지지를 받는 아웅 산 수 치를 가만히 둘 수 없었어요.

"군사 정부의 우두머리인 장군들이 아웅 산 수 치 여사를 가택 연금시켰대요."

아웅 산 수 치는 가족과 친구도 만나지 못하고 감시 속에 갇혀 살았지만 민주주의를 위한 싸움을 멈추지 않았고, 1991년 노벨 평화상을 수상하게 됩니다. 1995년에 6년 동안의 가택 연금에서 벗어났지만, 반독재 운동을 멈추지 않았던 아웅 산 수 치는 2000년에 다시 가택 연금을 당했어요. 2010년 말에 가택 연금에서 풀려나기 전까지 20여 년 동안 가택 연금을 겪고 총격을 당하면서도, 아웅 산 수 치의 민주화와 언론의 자유에 대한 신념과 열정은 사라지지 않았어요.

"나는 독재에 고통 받는 미얀마 사람들이 자유를 되찾을 수 있도록 일해야 할 책임이 있어요. 우리 미얀마 사람들도 자신이 옳다고 생각하는 바를 거리낌 없이 말할 수 있어야 해요."

아웅 산 수 치는 자신의 신념을 위해 독재 정권에 저항하는 용기를 보여 주었고, 결국 미얀마가 50년 만에 민주 선거를 치르게 된 것이랍니다.

FREE
AUNG SAN
SUU KYI
BURMA

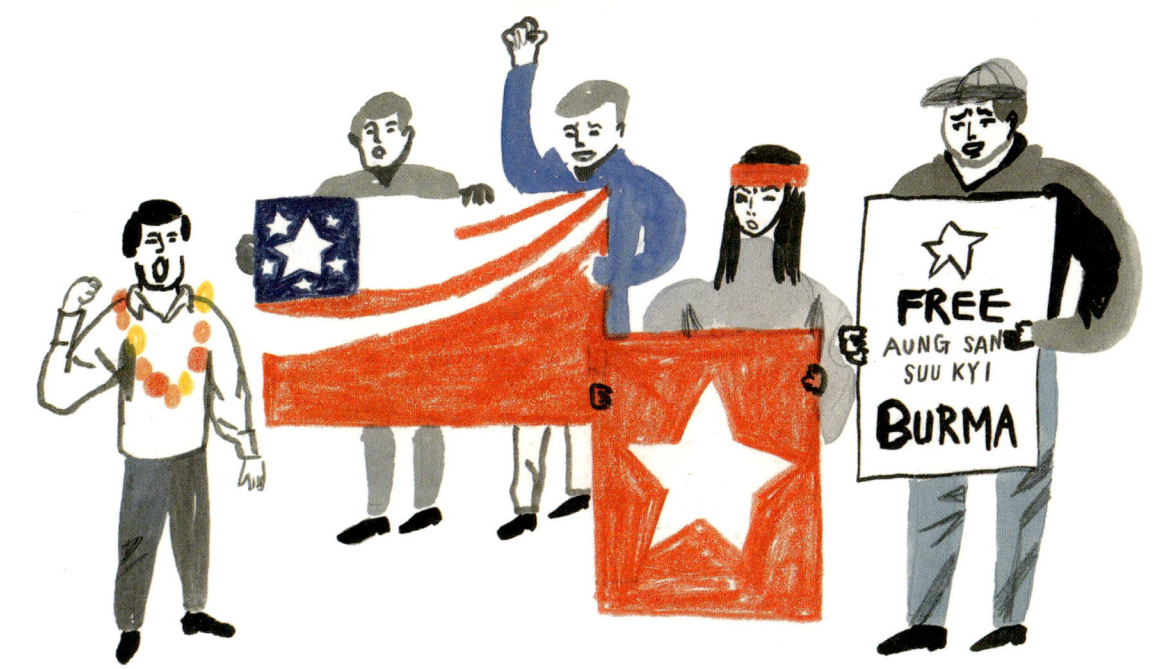

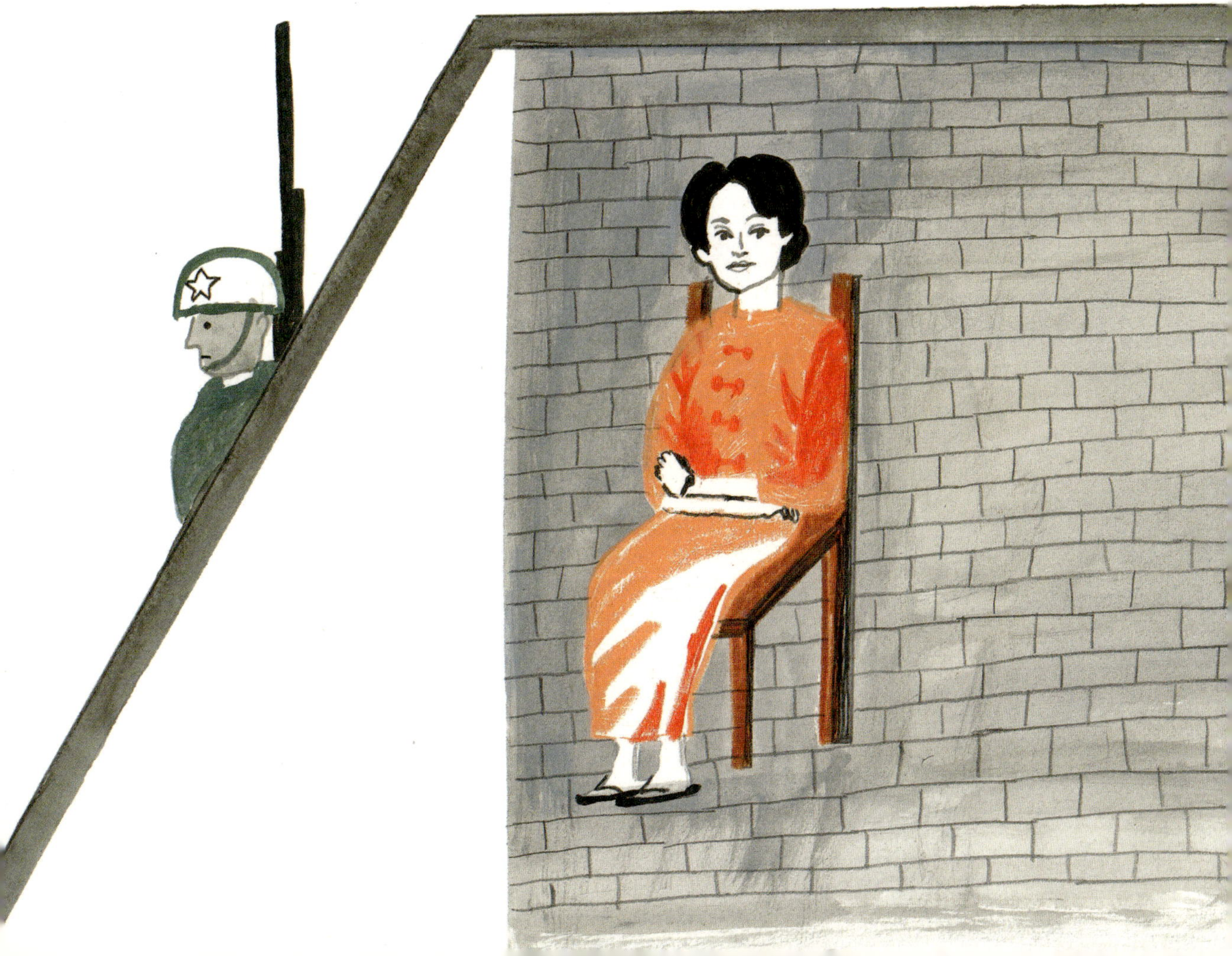

'양심수'는 어떤 사람인가요?

아웅 산 수 치처럼 불이익을 당할 것을 알면서도 '자신이 옳다고 생각한 양심에 따라 행동하다가 구속된 사람'을 양심수라고 합니다. 양심은 옳고 그름을 구별하여 나쁜 짓은 하지 않고 바른 행동을 하게 만드는 마음을 말하는 거예요.

그런데 국가의 법에서 정해 놓은 것과 개인의 양심이 원하는 것이 다를 때, 양심수는 법을 따르지 않고 양심에 따라 행동해요. 그것이 법에 어긋나면 감옥에 갇히게 되지요. 과연 감옥에 갇히면서까지 자기 주장을 굽히지 않는 이유는 무엇일까요?

양심수는 국가의 법에 어긋나더라도 자신의 양심에 따르는 일이, 많은 사람의 이익과 사회 정의를 위하는 일이라는 확신이 있기 때문에 용기를 낼 수 있는 것입니다.

오랜 감금에도 자신의 의지를 꺾지 않았던 아웅 산 수 치

언론의 자유를 제한하는 '국가 보안법'

우리나라의 국가 보안법은 일제 시대에 일본이 식민 지배에 저항하는 사람들을 탄압하기 위해 만든 치안 유지법을 토대로 만든 법입니다. 국가의 안전을 위태롭게 하는 반국가 활동을 규제하는 법률이라고 하지만, 지금까지 정권을 유지하는 데 악용되어 온 측면이 많아요. 국가 안보와 직접적인 관련이 없는데도, 국가 보안법의 모호한 규정을 적용시켜 정권을 비판하는 사람이나 단체를 처벌해 온 거죠.

세계적인 인권 운동 단체인 국제사면위원회도 폐지하라고 권고할 정도로, 국가 보안법은 개인의 사상과 양심, 언론의 자유를 제한하고 있는 법이에요. 가장 기본적인 인권을 침해하여 민주주의의 걸림돌이 되고 있는 국가 보안법을 폐지하는 일은 우리 국민이 시급히 해결해야 할 중요한 숙제입니다.

국가 보안법 폐지와 양심수 석방을 주장하는 사람들

미디어 소식　　　　　　　　　　　　　　　　　　　　　제29호

'국제사면위원회'를 아시나요?

엠네스티라고도 불리는 국제사면위원회는 세계 양심수들의 석방과 양심수들에 대한 공정한 재판을 촉구하고, 감옥에 갇힌 사람들이 고문을 비롯한 비인간적인 형벌을 받지 않도록 애쓰는 세계적인 인권 운동 단체예요.

국제사면위원회는 영국의 변호사 피터 베넨슨이 신문에 쓴 글이 계기가 되어서 만들어졌어요. 피터 베넨슨은 술집에서 자유를 외치며 건배했다는 이유로 포르투갈 정부에 체포된 두 대학생의 사연을 접하고, 그들을 도와줄 방법을 고민하다가 신문에 글을 쓰기로 합니다.

피터 베넨슨은 신념에 따라 행동했다는 이유로 감옥에 가두는 일은 옳지 못하며, 양심수들이 석방될 수 있도록 전 세계 사람들이 힘을 합치자고 호소했어요. 피터 베넨슨의 글은 곧 많은 사람들의 지지를 받았고, 뜻을 함께하는 사람들이 모여 1961년 5월에 국제사면위원회가 발족되었어요.

런던에 국제 사무국을 둔 국제사면위원회는 현재 160여 개국에 지부가 있고 110만 명이 넘는 회원을 둔 대표적인 인권 단체로 성장했어요.

국제사면위원회는 양심수를 위한 활동 외에도 모든 인권 문제에 관심을 기울이고, 인권에 대한 사람들의 의식을 높이기 위해서 노력하고 있습니다.

국제사면위원회의 로고

30. 뉴 미디어
펄펄 나는 뉴 미디어, 따라 달리는 사회

　미디어 중에서 가장 짧은 기간 동안 가장 빠른 변화를 보인 것은 휴대 전화라고 할 수 있어요. 1984년 이후에 등장한 초기 휴대 전화는 음성 통화만 가능했지만, 현재는 문자와 영상 통화까지 가능한 멀티미디어(다중 매체, 복합 매체)가 되었어요.
　"휴대 전화를 왜 멀티미디어라고 하지?"
　"휴대 전화는 통화와 문자 외에도 인터넷, 음악, 게임, 텔레비전, 사진과 동영상, 전자 사전, 전자 상거래 등등 다양한 기능이 가능하니까 그렇지. 게다가 작아서 갖고 다니기도 편리하잖아."
　이런 다양한 기능과 역할을 자랑하는 휴대 전화의 사용이 급속도로 늘어나면서 우리 사회의 모습도 변화하고 있어요. 어려서부터 휴대 전화의 사용이 생활화된 세대에게 휴대 전화는 정보를 얻고 서로 소통하는 수단이자 자신을 표현하는 새로운 공간이

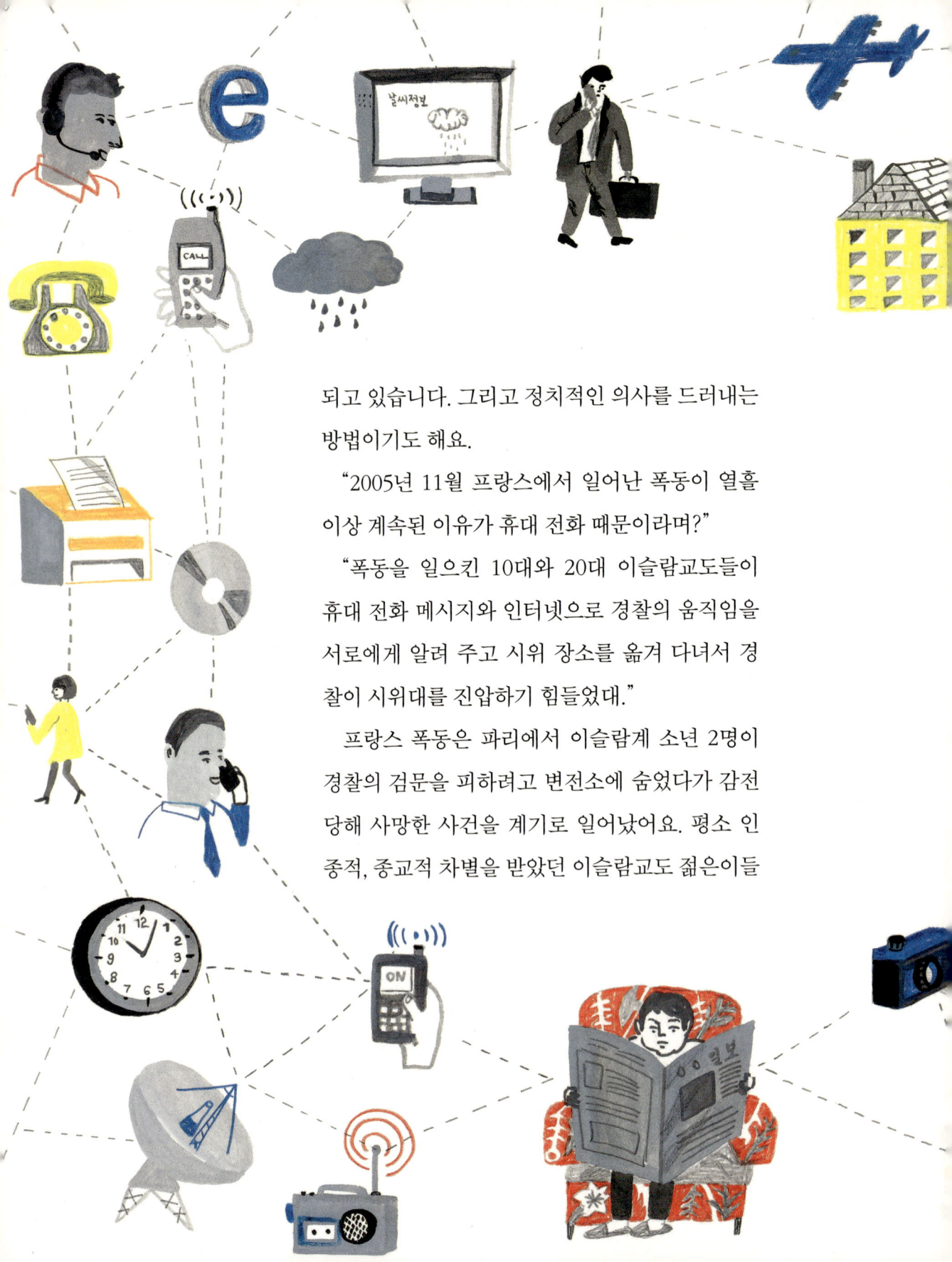

되고 있습니다. 그리고 정치적인 의사를 드러내는 방법이기도 해요.

"2005년 11월 프랑스에서 일어난 폭동이 열흘 이상 계속된 이유가 휴대 전화 때문이라며?"

"폭동을 일으킨 10대와 20대 이슬람교도들이 휴대 전화 메시지와 인터넷으로 경찰의 움직임을 서로에게 알려 주고 시위 장소를 옮겨 다녀서 경찰이 시위대를 진압하기 힘들었대."

프랑스 폭동은 파리에서 이슬람계 소년 2명이 경찰의 검문을 피하려고 변전소에 숨었다가 감전당해 사망한 사건을 계기로 일어났어요. 평소 인종적, 종교적 차별을 받았던 이슬람교도 젊은이들

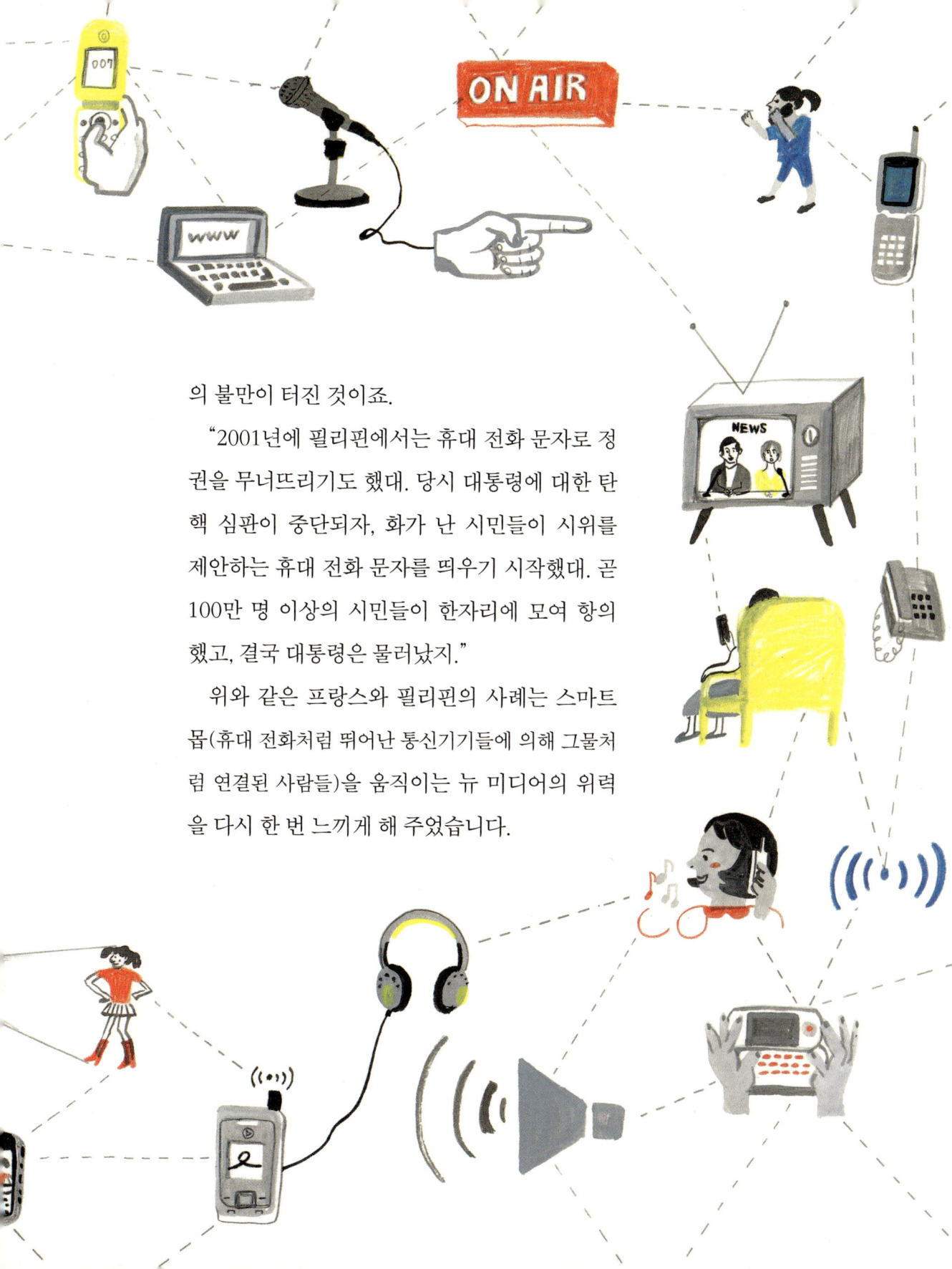

의 불만이 터진 것이죠.

"2001년에 필리핀에서는 휴대 전화 문자로 정권을 무너뜨리기도 했대. 당시 대통령에 대한 탄핵 심판이 중단되자, 화가 난 시민들이 시위를 제안하는 휴대 전화 문자를 띄우기 시작했대. 곧 100만 명 이상의 시민들이 한자리에 모여 항의했고, 결국 대통령은 물러났지."

위와 같은 프랑스와 필리핀의 사례는 스마트몹(휴대 전화처럼 뛰어난 통신기기들에 의해 그물처럼 연결된 사람들)을 움직이는 뉴 미디어의 위력을 다시 한 번 느끼게 해 주었습니다.

뉴 미디어는 어떤 특성이 있나요?

뉴 미디어란 새로운 미디어를 말하는데, 완전히 새로운 형태의 미디어만을 뜻하는 건 아니에요. 원래 있었던 미디어가 성능이 좋아지거나 다른 미디어와 결합되어서 여러 기능을 가지게 되었을 때도 뉴 미디어가 됩니다.

뉴 미디어의 가장 큰 특징은 디지털 기술이 기반을 이루고 있다는 점이에요. 디지털 기술은 미디어의 정보를 처리하는 과정에서 컴퓨터를 사용하는데, 컴퓨터의 통신망에 의해 서로 연결되기 때문에 쌍방향 서비스가 가능합니다.

예를 들어, 예전에 텔레비전에서 야구 중계를 볼 때는 일방적으로 시청만 할 수 있었어요. 그런데 디지털 텔레비전이 만들어진 후로는 야구 중계를 보면서 선수의 타율 같은 정보를 찾아볼 수도 있게 된 것이죠.

그리고 뉴 미디어는 네트워크 기술의 발달로 정보 전달의 범위를 전 세계로 넓혔어요. 우리나라에서 방송되는 프로그램을 컴퓨터와 위성 네트워크를 통해 외국에서도 동시에 시청할 수 있게 된 것처럼 말이에요.

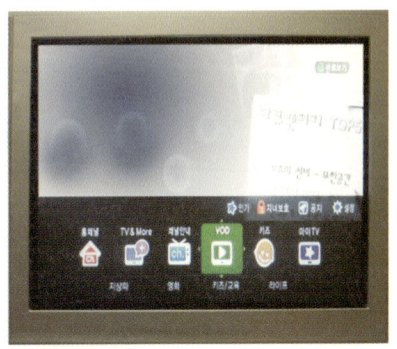

쌍방향 서비스를 지원하는 IP TV

21세기 뉴 미디어에는 어떤 것들이 있나요?

　21세기의 뉴 미디어로는 인터넷 방송, 아이피 텔레비전(IP TV), 오티티(OTT), 소셜 미디어(Social Media)를 손꼽을 수 있어요. 이중에서 특히 더 많은 변화를 가져올 것으로 예상되는 뉴 미디어는 개인 맞춤형 콘텐츠를 제공하는 멀티미디어 통합형 뉴 미디어인 OTT와 소셜 미디어예요.

　OTT는 개인의 취향에 맞는 콘텐츠를 추천해 주는 서비스로 '내 손 안의 영화관'이라고 불려요. OTT는 스마트폰이나 노트북을 통해 언제 어디서든지 맞춤형 영상을 시청할 수 있게 해 주어서, 본격적인 개인 맞춤형 미디어 시대를 열었어요.

　소셜 미디어는 인터넷망을 통해 사용자들이 직접 콘텐츠를 만들고 공유할 수 있는 참여형 서비스를 말해요. 인터넷망과 스마트폰이 합쳐져 누구나 영상을 만들어 올리고, 다른 사람들과 실시간으로 소통할 수 있게 만든 서비스를 말하지요.

스마트폰
작고 가벼운 개인용 단말기에 다양한 어플리케이션이 설치되어 있어서 인터넷이 연결된 곳이라면 언제라도 원하는 콘텐츠를 시청할 수 있어요.

미디어 감시자 빅브라더와 파놉티콘

뉴 미디어는 누구나 언제 어디서나 새로운 정보를 생산하고 이용할 수 있게 함으로써 사회의 발전을 이끌어 왔고 새로운 세계를 꿈꾸게 해 주었어요.

하지만 뉴 미디어가 우리에게 행복과 이익만을 가져다주는 것은 아닙니다. 미디어의 발전 뒤에 숨겨져 있는 어두운 모습이 만만치 않기 때문이죠.

소설가 조지 오웰이 쓴 《1984년》과 철학자 제레미 벤담이 구상한 '파놉티콘'을 보면 뉴 미디어가 가지는 위험성이 잘 표현되어 있습니다.

조지 오웰의 《1984년》에 등장하는 '빅 브라더'는 텔레비전과 카메라가 결합된 텔레스크린을 통해 개인의 소소한 일상생활은 물론, 인간의 의식까지 감시하고 통제하는 모습을 보여 줍니다.

그리고 제레미 벤담의 '파놉티콘'은 감시자가 각 수용실을 단번에 볼 수 있도록 설계된 원형 감옥 건축 양식을 말합니다. 파놉티콘의 죄수들은 항상 감시자가 있는 것 같은 느낌을 받기 때문에, 감시자가 없더라도 자신의 행동을 주의하게 되지요.

빅브라더와 파놉티콘은 생활을 편리하게 만들고 즐거움을 주는 휴대 전화가 통화 내역 조회와 위치 정보 제공 서비스를 통해 개인의 사생활을 감시하고 통제하는 도구가 되는 것처럼, 개인의 사생활과 자율성을 침해하는 뉴 미디어의 어두운 모습을 예언하고 있습니다.

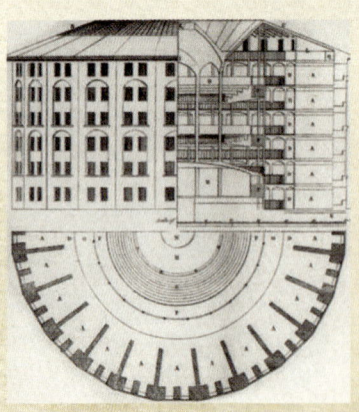

제레미 벤담이 구상한 파놉티콘 설계도

뉴 미디어의 혜택을 누리는 만큼 건전하고 올바른 미디어 문화를 만들기 위해서는 우리들의 노력도 필요합니다. 그 사실을 우리 모두 잊지 않기로 해요.

자료 출처

16 월드컵 응원 ⓒ송이현 | 20 라이프치거 차이퉁겐 ⓒpublic domain_Wikipedia | 22 페이디피데스 동상 ⓒHammer of the Gods27_Wikipedia | 27 서재필 동상 ⓒAgnosticPreachersKid_Wikipedia | 32 소크라테스 두상 ⓒ노성두 | 33 프랑스 인권 선언 ⓒpublic domain_Wikipedia | 36 면벌부 ⓒpublic domain_Wikipedia | 38 성 바르톨로메오의 학살 ⓒpublic domain_Wikipedia | 39 인쇄소 ⓒpublic domain_Wikipedia | 44 존 밀턴 ⓒpublic domain_Wikipedia | 45 아레오파지티카 ⓒpublic domain_Wikipedia | 51 미국 헌법 ⓒpublic domain_Wikipedia | 56 뉴욕 선 ⓒpublic domain_Wikipedia | 57 전신 ⓒpublic domain_Wikipedia | 62 노란 어린이 ⓒpublic domain_Wikipedia | 63 퓰리처, 허스트 ⓒpublic domain_Wikipedia | 64 퓰리처상 ⓒpublic domain_Wikipedia | 68 라디오 어린이 ⓒpublic domain | 69 라디오 광고 ⓒpublic domain | 80 자유 언론 실천 선언 ⓒ동아자유언론수호투쟁위원회 | 81 동아일보 편집부 ⓒ동아자유언론수호투쟁위원회 | 86 문화공보위원회 언론 청문회 ⓒ연합뉴스 | 87 대통령 귀국 풍경 ⓒ연합뉴스 | 92 나치스 전당 대회 ⓒpublic domain_Wikipedia | 94 미국 쇠고기 수입 반대 현수막 ⓒ연합뉴스 | 98 닉슨, 케네디 ⓒpublic domain_Wikipedia | 99 미대통령 후보 토론회 ⓒ연합뉴스 | 100 베를루스코니 ⓒ연합뉴스 | 105 달아나는 아이들 ⓒ연합뉴스 | 111 니콜 키드먼 ⓒ연합뉴스 | 114~115 워터게이트 관련 사진 ⓒpublic domain_Wikipedia | 117 신문 ⓒpublic domain_Wikipedia | 122~124 전쟁 관련 ⓒpublic domain_Wikipedia | 127 광주 ⓒ연합뉴스 | 129 게이트 키핑 ⓒgood image | 140 머독 ⓒworldeconomicforum_Wikipedia | 141 달러 동전 ⓒpublic domain_Wikipedia | 143 달러 지폐 ⓒpublic domain_Wikipedia | 153 가면 ⓒGryffindor_Wikipedia | 154 촛불 집회 ⓒ송이현 | 158 배아 줄기세포 ⓒpublic domain_Wikipedia | 164 크레용 ⓒpublic domain_Wikipedia | 166 잠자는 숲속의 미녀 ⓒpublic domain_Wikipedia | 171 인터넷 어린이 ⓒgood image | 176 ⓒ진주시민미디어센터 | 183 양심수 ⓒ연합뉴스